Annie Besant
Raja-Yoga

Annie Besant

RAJA-YOGA

EDITION
ADYAR

Titel der englischen Originalausgabe:
AN INTRODUCTION TO YOGA

Deutsche Übersetzung:
John Cordes, Dr. phil. Friedr. Feerhow

Voglherd 1 • D-85567 Grafing
www.aquamarin-verlag.de

Umschlaggestaltung: Annette Wagner

ISBN 978-3-89427-648-5

Druck: Ebner & Spiegel · Ulm

INHALT

TEIL II

TEIL III

TEIL IV

VORWORT

Die folgenden Texte sollen eine Skizze des Yoga-Systems geben, welche den Interessierten in die Lage versetzt, sich damit auf die praktische Nutzung der Sutras des Patanjali vorzubereiten, des Hauptwerkes über den Yoga.

Ich stütze mich dabei auf eine Übersetzung dieser Sutras, auf Vyasas Kommentar und noch eine andere Auslegung, die im Licht der Theosophie verfasst ist. Mein Freund Bhagavan Das stand mir dabei zur Seite. Man wird also viele Hinweise auf Patanjali finden, da diese Ausführungen darauf abzielen, für das Verständnis dieses schwierigen Quellenwerkes vorzubereiten. Die folgenden Seiten dürften im Übrigen für jeden Leser geeignet sein, um ihm eine Vorstellung vom Wesen des Yoga zu geben und ihn vielleicht zu einem eingehenderen Studium anzuregen.

Teil I

DAS WESEN DES YOGA

Wir wollen uns zunächst bemühen, eine allgemeine Vorstellung vom Yoga zu gewinnen, seine Stellung in der Natur zu ermitteln und sein besonderes Wesen sowie seinen Zweck in der menschlichen Entwicklung zu erkennen.

DER SINN DER WELT

Wir wollen uns zuerst fragen, indem wir rings um uns Ausschau halten, was uns die Geschichte der Welt zu sagen hat. Wenn wir Geschichte studieren, was bedeutet sie? Sie scheint ein bewegliches Panorama von Völkern und Ereignissen zu sein, ist aber in Wirklichkeit nur ein Schattentanz. Die Völker sind Schatten und nicht Wirklichkeiten, und ebenso die Könige, die Staatsmänner, die Minister und die Armeen. Die Ereignisse – Schlachten und Revolutionen, der Aufstieg und Untergang von Reichen – sind das Schattenhafteste von allem. Selbst wenn der Historiker tiefer einzudringen versucht, wenn er sich mit den wirtschaftlichen Verhältnissen, den gesellschaftlichen Organisationen befasst und die Gedankenrichtungen und Geistesströmungen studiert, auch dann noch bewegt er sich inmitten von Schatten, den täuschenden Schattenfiguren, geworfen von unsichtbaren Wirklichkeiten.

Diese Welt ist voll von Formen, die Trug sind, deren Wert ein falscher, deren Schätzung eine unverhältnismäßige ist. Die Dinge, die ein weltlich Gesinnter als wertvoll betrachtet, muss der geistig Strebende als wertlos beiseite werfen. Die Diamanten der Erde, die im Sonnenschein glitzern und funkeln, sind Glassplitter für den Erkennenden. Die Krone des Königs, das Zepter des Kaisers, der Triumph irdischer Macht sind nichts für den, der einen Blick auf die Erhabenheit des Selbst geworfen hat. Was ist denn wirklich? Was ist wahrhaft wertvoll? Unsere Antwort wird ganz verschieden sein von der Antwort des Weltmenschen.

»Die Welt ist da zum Besten des Selbst.« (Upanishaden)

Nicht für das, was die äußere Welt bieten kann, nicht um die Dinge der Lust zu genießen, nicht um der Schönheit oder der Freude willen entwirft und baut der große Architekt seine Welten. Er hat sie mit schönen und angenehmen Gegenständen erfüllt. Der große Himmelsbogen des Firmamentes, die Gebirge mit ihren schneebedeckten Spitzen, die Täler mit ihrem sanften Grün und den duftenden Blumen, der Ozean mit seinen unendlichen Tiefen, dessen Wasser bald spiegelglatt liegen, bald tosend wie ein Orkan –

all das ist nicht da für die Dinge, sondern zum Besten des höchsten Selbst (Atma). Nicht für sich sind sie, weil sie irgendetwas aus sich allein wären, sondern um den Zwecken des Selbst zu dienen und um seine Manifestationen zu ermöglichen.

Die Welt mit all ihrer Schönheit, ihrem Glück und Leid, ihren Freuden und Schmerzen ist mit wunderbarster Zweckmäßigkeit ausgedacht, damit die Kräfte des Selbst sich in der Schöpfung äußern können. Vom Nebelfleck zum Logos ist alles da für das Selbst. Das geringste Staubkorn, der mächtigste Deva in seinen himmlischen Regionen, die Pflanze, die tief versteckt in irgendeiner Bergschlucht sprosst, der Stern, der über uns leuchtet – all das existiert, damit die Teile des einen Selbst, welches in den zahllosen Formen verkörpert ist, ihr Einssein erkennen und die Kräfte des Selbst durch die Materie, in die es gehüllt ist, zum Ausdruck bringen. Es gibt nur ein Selbst, und dieses ist dasselbe im niedrigsten Staub wie im erhabensten Deva. – »Mamamsha« (ein Teil meiner Selbst), sagt Shri Krishna, sind alle diese *Shivatmas*, alle diese Lebensgeister. Für sie besteht die Welt, für sie scheint die Sonne und rollen die Wellen und wehen die Winde und fällt der Regen – damit das Selbst sich in den Offenbarungen seiner stofflichen Formen bewusst werde als in der Welt verkörpert.

DIE ENTFALTUNG DES BEWUSSTSEINS

Einer von jenen inhaltsschweren und bedeutungsvollen Gedanken, welche die Theosophie lehrt, ist der, dass dieselben Stufenfolgen der Entwicklung sich fortgesetzt wiederholen, dieselbe Reihenordnung in größeren oder kleineren Kreisläufen wiederkehren. Hat man einen von diesen Kreisläufen begriffen, so hat man das Ganze erfasst. Dieselben Gesetze, nach denen ein Sonnensystem aufgebaut ist, beherrschen den Organismus des Menschen. Die Gesetze, nach welchen das Selbst seine Kräfte im Universum entfaltet, vom Nebelfleck bis zum Logos, sind die gleichen Gesetze des Bewusstseins, die sich im Mikrokosmos des Menschen wiederfinden. Wenn man sie in dem einen erkannt hat, versteht man sie auch für das andere. Begreife sie im Kleinen, und das Große ist dir offenbar; begreife sie im Großen, und das Kleine ist dir verständlich geworden.

Die große Entfaltung – vom Mineral zur Gottheit – geht durch Millionen von Jahren vor sich, durch äonenlange Zeitläufe. Aber dieselbe Entfaltung, die im Makrokosmos langsam erfolgt, spielt sich in einem kürzeren Kreislauf innerhalb der Menschheitsentwicklung ab. Es geschieht hier in einem so kurzen Zeitraum, dass er sich wie ein Nichts gegen den größeren ausnimmt. Innerhalb eines noch kürzeren Zeitraums findet die Entfaltung eines Individuums statt: Rasch, mit dem vollen Druck seiner vergangenen Existenzformen hinter sich. Diese Kräfte, die sich so kundgeben und im Laufe der Entwicklung entfalten, werden mit der Zeit stärker und stärker. Zunächst im Mineralkörper tätig, wachsen sie heran und gewinnen an Energie, bis sie ihre Entwicklung in der Mineralwelt beendigt haben. Sodann sind sie bereits zu stark für ein Mineral geworden und drängen empor in die Pflanzenwelt. Dort entfalten sie sich mehr und mehr der Gottheit entgegen, bis sie allmählich zu mächtig für das Pflanzenreich und danach zum Tier geworden sind.

Sie entwickeln sich nun innerhalb des Tierzustandes und machen darin ihre Erfahrungen, bis sie auch über die Beschränkungen des Tierischen hinausgewachsen sind und als Menschenwesen in Erscheinung treten. In einem menschlichen Organismus wachsen sie sodann heran und werden mit immer steigender Energie stärker und stärker, indem sie sich mit wachsendem Druck gegen ihre Hülle stemmen, um sich schließlich aus dem Menschlichen empor ins Übermenschliche zu erheben. Dieser letzte Prozess der Entwicklung ist es, der als Yoga bezeichnet wird.

Lassen Sie uns jetzt das Individuum betrachten. Der Mensch unseres Planeten hat eine lange Entwicklung in anderen Planetenketten als der unsrigen hinter sich – jene Evolution durch das Mineralreich zur Pflanze, durch die Pflanze zum Tier, vom Tier zum Menschen und dann, von dem letzten Schauplatz unserer Entfaltung am Mondgestirn herab, zur Erdkugel. Unsere gegenwärtige Entwicklungsstufe hat in sich alle Kräfte der verflossenen Evolution aufgehäuft, und sobald wir daher in jenen kürzesten Abschnitt unserer Entwicklung eintreten, welcher Yoga heißt, hat der Mensch den ganzen Vorrat der in den früheren Daseinsformen aufgestapelten Potenzen hinter sich. Diese Ansammlung aller erworbenen Kräfte befähigt ihn, jetzt so rasch den Weg vom Menschen zum Übermenschen zurückzulegen.

Wir müssen den Yoga unter dem Gesichtspunkt des allgemeinen Prozesses der Bewusstseinsentfaltung betrachten, sonst können wir ihn nicht verstehen, denn die Gesetze der Bewusstseinsentwicklung in einem Universum sind genau dieselben wie die Gesetze des Yoga. Die Prinzipien, welche dort die Entfaltung des Bewusstseins beherrschen, sind die gleichen, welche hier im Yoga gelten und die wir in ihm planmäßig zur Entfaltung unserer eigenen Bewusstseinstätigkeit anwenden. Wenn wir also ernstlich mit dem Yoga beginnen, so bedeutet dies nicht, dass wir nun eine neue, bisher nicht begangene Bahn beschreiten werden, wie manche sich vorstellen.

Die gesamte Entwicklung ist einheitlich in ihrem Wesen. Die Reihenfolge ist dieselbe, die Ordnung die gleiche, ob wir nun die Entfaltung des Bewusstseins im Universum oder im Menschengeschlecht, im Individuum, ins Auge fassen. Man erforscht die Gesetze der

Schöpfung und lernt, dieselben Gesetze im Yoga zur Entwicklung seines eigenen Bewusstseins vernunftgemäß und zielbewusst anzuwenden. Wie mannigfaltig sich auch die Offenbarung der Formen auf ihren verschiedenen Stufen gestalten mag, so sind doch alle ihnen zugrunde liegenden Gesetze eins.

Wenn man den Yoga in diesem Licht betrachtet, dann wird dieser Yoga, der sich so fremdartig und so unnahbar ausnahm, anfangen, ein vertrautes Antlitz aufzuweisen, und sein Kleid wird uns nicht mehr so befremden. Wenn man die Entwicklung seines Bewusstseins zum Gegenstand seines Studiums macht und beobachtet, wie die entsprechende Entwicklung der Formen damit Hand in Hand geht, dann wird es einen nicht mehr so seltsam anmuten, dass der Mensch fortschreitet zum Übermenschen, dass er die Schranken des Menschengeschlechtes überbrückt und in ein Reich eintritt, wo die Göttlichkeit in einem höheren Grad offenbar wird.

DIE EINHEIT DES SELBST

Das wahre Ich in dir ist dasselbe wie das Ich des Kosmos. Was für Kräfte immer sich in der Welt offenbaren, sie wohnen auch dir im Keim inne. Er, der Höchste, entfaltet sich nicht. In Ihm gibt es weder Wachstum noch Zerfall. Seine Teile, die *Jivatmas*, sind so viel wie Er selbst, nur dass sie ihre Kräfte entfalten, je nachdem die Bedingungen um sie herum sich gestalten und ihre Kräfte durch die Umgebung angeregt werden. Wenn man die Einheit des Selbst, inmitten aller Verschiedenheiten des Nicht-Selbst, begreift, dann wird das Ziel des Yoga einem nicht als eine Unmöglichkeit erscheinen.

DIE BESCHLEUNIGUNG DES ENTWICKLUNGSPROZESSES

Gebildete und denkende Männer und Frauen sind Sie schon. Sie haben schon jene hohe Stufenleiter erklommen, welche den gegenwärtigen Entwicklungsstand des Göttlichen in Ihnen von seiner Kundgebung unter der Form des Staubes scheidet. Die manifestierte Gottheit schläft im Mineral, sie entfaltet sich mehr und mehr im Pflanzen- und Tierreich, um schließlich dorthin zu gelangen, was dem Durchschnittsmenschen als der Höhepunkt gilt. Wenn wir es so weit gebracht haben, sollten wir es nicht noch weiter bringen können? Wenn das Bewusstsein sich so weit entfaltet hat, scheint es dann unmöglich, dass es sich in Zukunft bis zum Göttlichen entwickeln könnte?

Sobald man begreift, dass die Gesetze für die Entwicklung der Form und für die Entfaltung des Bewusstseins dieselben sind im Universum wie im Menschen, und dass der Yogi mit Hilfe dieser Gesetze seine verborgenen Kräfte zur

Entfaltung bringt, dann wird man sich auch sagen, dass es nicht notwendig ist, sich in das Gebirge oder in die Wüste zurückzuziehen, sich in Höhlen oder im Urwald zu vergraben, um die Verbindung mit dem höchsten Selbst zu erreichen – mit Ihm, der in uns und außer uns ist. Zu gewissen Zwecken mag ja das Zurückziehen in die Einsamkeit sinnvoll sein, mitunter ist es recht heilsam, sich von den geschäftigen Tummelplätzen der Menschen abzusondern. Jedoch in dem Universum, wie es von Ishvara mit solch göttlicher Weisheit und Umsicht geplant ist, um die Kräfte des Selbst zur Reife zu bringen, ist gerade hier das beste Feld für die Betätigung des Yoga. Die Welt ist für die Entwicklung des Selbst erdacht. Warum sollten wir also aus ihr fliehen? Sehen wir Shri Krishna selbst in jener großen Yoga-Upanishad, der »Bhagavad-Gita« - er gab sie auf dem Schlachtfeld und nicht auf einem einsamen Bergesgipfel. Er gab sie einem kampfbereiten *Kshatriya* (Krieger) und nicht einem beschaulichen, weltentrückten Brahmanen. Der Kampfplatz (Kurukshetra) der Welt ist der rechte Ort für den Yoga. Wer der Welt nicht die

Stirn bieten kann, hat nicht die Kraft, es mit den Herausforderungen der Yoga-Übungen aufzunehmen. Wenn schon die äußerliche Welt unsere Kräfte übersteigt, wie dürfen wir erwarten, die Kämpfe des inneren Lebens zu bestehen? Wenn man sich nicht über die kleinen Schwierigkeiten des Alltags hinwegsetzen kann, wie darf man erhoffen, die Gefahren zu überwinden, welche ein Yogi zu gewärtigen hat! Jene Menschen sind im Irrtum, welche denken, dass die Flucht aus der Welt der Weg zum Sieg und der Friede an bestimmte Orte gebunden sei.

Tatsächlich hat jeder von uns bisher schon unbewusst Yoga geübt, selbst bevor noch sein Bewusstsein gesondert (individualisiert) war und er sich dessen bewusst wurde und noch bevor sein Selbst sich als verschieden erkannte – wenigstens unter irdischen Einflüssen – von anderen Selbsten. Das ist der wichtigste Gedanke, den man erfassen und festhalten sollte: Yoga stellt nur einen beschleunigten Prozess in dem allgemeinen Entwicklungsgang des Bewusstseins dar.

Der Yoga kann also definiert werden als: »Die vernunftgemäße, bewusste Anwendung der Gesetze der Bewusstseinsentfaltung auf einen individuellen Fall. Das ist es, was mit der Methode des Yoga gemeint ist. Man erforscht die Gesetze der Entwicklung des Bewusstseins im Universum, und dann wendet man sie auf einen besonderen Fall an – und dieser Fall ist unser eigener. Man kann diese Erkenntnisse auf keinen anderen Menschen anwenden als auf sich selbst Diesen Grundsatz müssen wir uns klar bewusst machen. Darum haben wir unserer Definition noch ein weiteres Wort hinzuzufügen: »Der Yoga ist die vernunftgemäße (rationale) und bewusste Anwendung der Gesetze für die Bewusstseinsentfaltung auf einen individuellen Fall, nämlich auf sich selbst.«

YOGA IST EINE WISSENSCHAFT

Das ist das Zweite, über das man Klarheit besitzen muss. Yoga ist eine Wissenschaft und nicht vage, verschwommene Fantastik. Er ist eine angewandte Wissenschaft, ein System von Gesetzen zur Erreichung eines bestimmten Zweckes. Er befasst sich mit den Gesetzen der Seelenkunde und ihrer Anwendung auf die Entwicklung des gesamten Bewusstseins des Menschen, auf jeder Stufe, in jeder Sphäre. Dann wendet er sie zielbewusst auf den besonderen Fall an. Diese zweckmäßige Anwendung der Gesetze für die Entfaltung des Bewusstseins erfolgt genau nach den gleichen Grundsätzen, die wir jeden Tag in den anderen Gebieten der Wissenschaft angewandt sehen.

Es ist aus allgemeiner Erfahrung bekannt, in wie hohem Grad der Geist des Menschen durch sein Zusammenarbeiten mit der Natur sogenannte »natürliche« Prozesse beschleunigen kann, und die Betätigung unserer Intelligenz ist an sich ebenso »natürlich« wie alles andere. Der

Unterschied besteht tatsächlich, den wir zwischen »rational geleitetem« und »natürlichem« Wachstum machen; denn der menschliche Geist ist fähig, die Wirksamkeit der Naturgesetze zu beeinflussen, indem er sie in seinem Sinn dirigiert. Wenn wir uns mit Yoga befassen, so bewegen wir uns ebenso im Gebiet der angewandten Wissenschaften wie ein wissenschaftlich gebildeter Landwirt oder Gärtner, der die Naturgesetze auf seine Zucht anwendet. Beide können die Naturgesetze nicht überschreiten und ebenso wenig gegen sie wirken. Es gibt für niemanden andere Naturgesetze als die universell geltenden, nach welchen die Natur ihre Formen um uns herum entwickelt, und dennoch schafft der Züchter in wenigen Jahren manches, wozu die Natur allein Hunderte oder Tausende von Jahren benötigt hätte. Und wie bewerkstelligt er dies? Indem er sich seines Geistes bedient, um die Gesetze zu verwerten, die ihm in seinen Zwecken vorwärtshelfen und damit jenen Kräften entgegenwirken, die ihm in seinen Absichten hinderlich wären. Er zieht seine menschliche Geistesschärfe dazu heran, um die göttlichen Kräfte in der Natur, die sonst das allgemeine Gute bewirken, zu seinem besonderen Wohl zu nutzen.

Nehmen wir als Beispiel den Taubenzüchter: Aus der Gattung der blauen Felsentaube entwickelt er nach Belieben jene der Kropftaube oder der Pfauentaube. Er wählt Generation um Generation die Spielart aus zur Zucht, welche die von ihm gewünschten Eigenschaften am stärksten aufweist. Er paart solche Vögel miteinander, berücksichtigt dabei immer die günstigsten Umstände und wiederholt fortwährend diese Auswahl, bis jene Eigentümlichkeiten, die er erzielen wollte, zum charakteristischen Merkmal geworden sind. Zieht er aber seine leitende Hand zurück, unterbricht er die Auslese und überlässt er den Vogelbestand sich selbst, dann fallen die Tiere wieder in ihre ursprüngliche Gattung zurück.

Oder betrachten wir die Tätigkeit des Gärtners. Aus der wilden Heckenrose ist jede edle Rosengattung unserer Gärten hergeleitet. Die gefüllten Rosen sind nur das Ergebnis einer systematischen Zucht von der fünfblättrigen Heckenrose her, dem wilden Sprössling der Natur. Ein Gärtner, der den Blütenstaub von einer

Pflanze sammelt und ihn auf die Stempel einer anderen Blüte überträgt, tut nur dasselbe zweckbewusst, was täglich von den Bienen und anderen Insekten instinktiv getan wird. Aber er trifft eine sorgfältige Auswahl unter seinen Blumen, und zwar wählt er diejenigen Exemplare aus, deren Eigenschaften er zu steigern wünscht; und aus diesen liest er wiederum solche aus, die die erforderlichen Eigenschaften in noch höherem Maß zeigen. So gelangt er schließlich zu einer Blume, deren Habitus derart verschieden von dem der Originalpflanze ist, dass man die ursprüngliche Pflanze nur mehr auf die Weise ausfindig machen kann, indem man den Stammbaum bis auf das erste Pflanzenpaar zurückverfolgt.

Ganz so verhält es sich mit der Anwendung der Gesetze der Seelenwissenschaft, deren Praxis wir Yoga nennen. Die systematisch aufgebaute Kenntnis der Bewusstseinsentwicklung, umgesetzt auf das individuelle Selbst, das ist Yoga. Wie bereits gesagt, geschieht diese Entfaltung des Bewusstseins durch die Einwirkung der äußeren Welt, denn die Welt ist vom Logos für den Zweck der Bewusstseinsentfaltung wunderbar eingerichtet. Daher findet der, welcher ein Yogi werden will, sobald er sich sein Ziel gesteckt hat und das allgemeine Gesetz auf seinen besonderen Fall anwendet, in der Welt genau das, was er benötigt, um seine Übung im Yoga erfolgreich und wirksam zu gestalten. Er wird daraus ein Mittel zur Beschleunigung der Erkenntnis seines Selbst gewinnen. Die Gesetze sind sehr mannigfaltig. Man kann jene für sich verwerten, die einem zweckdienlich sind, und jene unberührt lassen, die nichts mit diesem Zweck zu tun haben. Indem man alle nutzt, welche man verwenden kann, ist man imstande, Resultate zu erzielen, welche die Natur ohne die Einwirkung der menschlichen Intelligenz nicht so rasch hätte hervorbringen können.

Man sei versichert, dass der Yoga jedem zugänglich ist. Es steht in der Macht eines jeden, sich ihm zu widmen. Schon einige der einfacheren Übungen des Yoga, einige der einfacheren Anwendungen der Gesetze für die Bewusstseinsentfaltung, werden uns bereits in dieser Welt, aber besonders in der nächsten, von Nutzen sein. Denn man tut in keinem Fall etwas anderes, als sein Wachstum zu beschleunigen, indem man die Kräfte, welche die Natur zur Verfügung stellt, entsprechend nutzt und jene Umstände beseitigt, welche bei diesem Werk nicht förderlich, sondern ein Hindernis für den Fortschritt wären. In diesem Licht betrachtet, wird uns der Yoga viel näher gerückt und als ein praktischerer Gegenstand erscheinen, als wenn man darüber nur einige Sanskrit-Bücher gelesen hat, die oft noch schlecht übersetzt sind. Man wird anfangen zu verstehen, dass ein Yogi zu werden durchaus nicht der Traum irgendeiner fernen Zukunft sein muss, der etwa erst in einer späteren Inkarnation seine Verwirklichung finden könnte.

DER MENSCH ALS ZWEIHEIT

Es ist unerlässlich, einige der Fachausdrücke, die im Yoga verwendet werden, sich zu eigen zu machen. Yoga befasst sich mit dem Menschen unter einem bestimmten Gesichtspunkt, er hat bei seiner Betrachtungsweise einen besonderen Endzweck. Darum hält er in seiner Einteilung der menschlichen Wesenheit nur zwei Hauptfaktoren fest: Geist (Mens) und Körper (Vehikel).

An und für sich aber ist der Mensch eine Einheit, nämlich eine Bewusstseinseinheit; diesen Gedanken muss man sich völlig klarmachen. Er bleibt eine Einheit des Bewusstseins unter jeder Wandlung seiner Hüllen. Manchmal hat darum der Theosoph, sobald er diese praktische Richtung einschlägt, seine Auffassung über die Konstitution des Menschen zu korrigieren. Die Theosophie teilt ganz nützlicherweise zum besseren Verständnis des Ganzen den Menschen in viele Stücke und Teile. Wir sprechen von einem physischen, astralen oder mentalen Körper. Manchmal verwenden wir Begriffe wie *Sthula sharira, Sukshma sharira, Karana sharira.* Dann wieder teilen wir den Menschen ein in *Annomayakosha, Pranamayakosha* oder *Manomayakosha.*

Wir zerlegen ihn in viele Stücke, nur um ihn durch und durch erforschen zu können, und so mag es geschehen, dass wir über den vielen Teilen leicht den ganzen Menschen aus dem Auge verlieren. Jene Abteilungen haben aber nur den Zweck – das möge man nie vergessen –, uns das Studium der Anatomie und Physiologie des menschlichen Gesamtorganismus übersichtlicher zu gestalten und damit zu erleichtern.

Der Yoga ist praktisch und psychologisch. Ich sage nichts gegen die verschiedenen Einteilungen der anderen Systeme; denn sie sind für ihre Zwecke notwendig. Der Yoga aber betrachtet aus praktischen Gründen den Menschen einfach als eine Zweiheit aus Geist und Körper – und als eine Einheit des Bewusstseins unter einer Reihe von Hüllen. Jene Zweiheit ist aber nicht die des Ich und Nicht-Ich oder des Selbst und Nicht-Selbst; denn im Yoga enthält der Begriff des »Selbst« das Bewusstsein inklusive jener Materie, welche es noch nicht von sich unterscheiden kann. Das »Nicht-Selbst« dagegen besteht in jener Materie, welche es (in seinem Bewusstsein) von sich gesondert oder abgetrennt denken kann.

Der Mensch ist nicht das reine Selbst, das reine Bewusstsein *(Samvit)*; das ist nur eine Abstraktion. Im konkreten Universum gibt es immer das Selbst und seine Hüllen, mögen diese letzteren auch noch so schwach sein. Eine Einheit des Bewusstseins ist daher unzertrennlich von der Materie, und ein *Jivatma* (Monade) ist immer Bewusstsein plus Materie.

Damit dies klar hervortritt, benutzt man im Yoga zwei Ausdrücke für die Konstitution des Menschen: *Prana* und *Pradhana*, Lebensodem und Stoff. *Prana* ist nicht allein der Lebensatem des Leibes, sondern die Gesamtheit der Lebenskraft des Universums, das Leben des Kosmos.

»Ich bin Prana«, sagt Indra. *Prana* bedeutet hier die Gesamtheit der Lebenskräfte. Sie haben hier den Sinn von »Bewusstsein, Geist«. *Pradhana* ist der Ausdruck für die Materie. Körper als Gegensatz zum Geist bedeutet für den Yogi praktisch so viel von der Außenwelt aufgenommene Materie, als er befähigt ist, im Bewusstsein als verschieden von seinem Selbst zu empfinden.

Diese Einteilung ist sehr wichtig und nützlich, wenn man ihre Grundidee vollkommen klar erfasst. Natürlich, wenn man das Ganze vom Anfang bis zum Ende überblickt, sieht man *Prana*, das große Leben, das große Selbst, stets in allem gegenwärtig, und man erschaut die Vehikel, die Körper, die Hüllen in verschiedenen Stufen ihre verschiedenen Formen annehmen, aber vom Standpunkt der Yoga-Praxis wird *Prana* oder Selbst das genannt, mit dem sich der Mensch für eine gewisse Zeit identifiziert, also alle Hüllen inbegriffen, von denen er sich in seinem Bewusstsein nicht zu trennen vermag. Diese Einheit ist für den Yogi das Selbst, und es bedeutet eine stetig veränderliche Größe. In dem Maß, als er eine Hülle nach der anderen abstreift, indem er sich sagt: »Das bin nicht ich«, kommt er seinem Höhepunkt näher und näher, bis sein Bewusstsein schließlich nur mehr in den letzten Schleier gehüllt ist – das einfache Atom, die Monade. Praktisch offenbart für den Yoga der wache, bewusste Mensch so viel von seinem Selbst, als er von der mit ihm verbundenen und ihn umhüllenden Materie nicht abtrennen kann. Nur das ist »Körper«, was der Mensch im Bewusstsein von sich absondern und von dem er sagen kann: »Das bin nicht ich, sondern es untersteht mir als Eigentum« (»das ist mir leibeigen«).

Wir sehen, dass wir eine Reihe von Ausdrücken haben, die immer wieder auf den anderen Ebenen Geltung erhalten. »Alle Bewusstseinszustände bestehen auf allen Ebenen«, sagt Vyasa. Wir werden alsbald sehen, dass diese Betrachtungsweise des Menschen uns gestattet, fortgesetzt dieselben inhaltsreichen Worte anzuwenden, nur in immer sublimerer Bedeutung gebraucht. Diese Worte haben alle nur einen relativen Sinn und gelten auf jeder Entwicklungsstufe.

Nun ist ganz klar, dass für die meisten von uns der physische Körper der einzige ist, von dem sie sagen können: »Das bin nicht ich. Daher würden sich für sie im praktischen Yoga alle die Worte, welche darin für die Bezeichnung von Bewusstseinszuständen (den Stufen des Geistes) gebraucht werden, auf das Wachbewusstsein im Körper (der niedrigsten Stufe) beziehen. Hieran anschließend und darauf aufbauend gewinnen dann alle Bezeichnungen ihre relative Bedeutung. Jeder der Ausdrücke hat seinen Sinn unter der Voraussetzung eines bestimmten, begrenzten Bewusstseinszustandes mit Bezug auf diese tiefste Grundlage. Um nun zu erkennen, in welchem Sinn man die verschiedenen Fachausdrücke zur Bezeichnung der verschiedenen Geisteszustände auf sich selbst anzuwenden hat, muss man sorgfältig sein eigenes Bewusstsein analysieren, um herauszufinden, wie viel davon wirklich Bewusstsein ist und was Materie, an die man sich so fest geklammert hat, dass man sich nicht von ihr losgelöst denken kann.

DIE ZUSTÄNDE DES GEISTES

Wir wollen diese nun im Einzelnen betrachten. Es war von vier Bewusstseinszuständen die Rede: Dem Wachzustand oder *Jagrat*; dem Traumbewusstsein oder *Svapna*; dem Tiefschlaf oder *Sushupti*; und dem Zustand jenseits dessen, genannt *Turiya*. (Es ist unmöglich, selbst in dieser elementaren Einführung in den Yoga, solche technischen Ausdrücke zu vermeiden. Es gibt keine entsprechenden Worte dafür in unseren Sprachen, und die indischen sind nicht schwieriger zu erlernen als irgendein anderer psychologischer Fachausdruck.) In welcher Beziehung stehen nun diese Geisteszustände zum Körper?

Jagrat ist das gewöhnliche Wachbewusstsein, dessen wir uns gegenwärtig bedienen. Wenn unser Bewusstsein in unserem feineren Körper tätig und von diesem (dem »Astralkörper«) aus fähig ist, einen Eindruck im Gehirn zurückzulassen, so wird es zu *Svapna* oder dem Traumbewusstsein; es ist lebendiger und wirklicher als der *Jagrat*-Zustand. Wenn das Bewusstsein in den noch feineren Vibrationen des Mentalkörpers arbeitet, wird es *Sushupti* oder Tiefschlaf. Dann wirkt der Geist in seinem eigenen Bereich und nicht in dem der äußeren Objekte. Aber wenn er sich so weit von jeder Verbindung mit dem Gehirn losgetrennt hat, dass er nicht leicht durch äußere Mittel ins Wachbewusstsein zurückgerufen werden kann, dann wird es *Turiya* genannt, ein erhabener Trance-Zustand. Wenn diese vier Zustände in Wechselbeziehung zu den vier Ebenen stehen, so stellen sie ein sehr entwickeltes Bewusstseinsvermögen dar. *Jagrat* ist mit dem Physischen verbunden, *Svapna* mit dem Astralen, *Sushupti* mit dem Mentalen und *Turiya* mit dem kausalen oder *Buddhi*. Wenn man also von einer Welt zur anderen voranschreitet, hätte man diese Worte zur Bezeichnung des Bewusstseins anzuwenden, wie es unter den Bedingungen jeder dieser Welten arbeitet. Aber dieselben Worte werden in den Yoga-Schriften in einem wechselnden Zusammenhang verwendet; und hier liegt die Schwierigkeit, solange man sich nicht über die Relativität ihrer Bedeutungen im Klaren ist. *Svapna* ist nicht in jedem Fall das

Gleiche, und ebenso wenig bedeutet *Sushupti* für jedermann denselben Bewusstseinszustand.

Vor allem aber wird das Wort *Samadhi*, das wir sofort erklären werden, auf verschiedene Weise und in verschiedenem Sinn gebraucht. Wie sollen wir uns dann in dieser scheinbaren Wirrnis zurechtfinden? Wir versichern uns zuerst des Ausgangspunktes, und dann ist die Reihenfolge von ihm aus immer dieselbe.

Jedermann weiß aus der Selbstbeobachtung, was das Wachbewusstsein im physischen Körper ist. Schon in diesem lassen sich vier Geisteszustände feststellen, wenn man es analysiert, und eine ähnliche Reihe ist auf jeder der anderen Ebenen zu erkennen.

Wie kann man sie dann voneinander unterscheiden? Nehmen wir uns zuerst das Wachbewusstsein vor, um an ihm die vier Zustände zu studieren. Ich ergreife ein Buch und lese es. Ich lese Worte; das heißt, meine Augen sind mit dem äußeren, physischen Bewusstsein verbunden. Das ist der *Jagrat*-Zustand. Ich dringe hinter die Worte in ihren Sinn ein. Damit bin ich von dem Wachzustand der physischen Ebene in den *Svapna*-Zustand des Wachbewusstseins übergegangen. Das *Svapna* sucht durch das äußere Leben hindurch das innere zu erfassen. Von da aus dringe ich zum Geist des Autors vor: Hier haben wir Geist an Geist. Es ist das Wachbewusstsein in seinem *Sushupti*-Zustand. Wenn ich von dieser Verbindung aus noch tiefer gehe, in den Geist des Autors so weit eindringe, dass ich in ihm lebe, dann habe ich den *Turiya*-Zustand des Wachbewusstseins erreicht.

Nun ein anderes Beispiel: Ich sehe auf die Uhr – ich bin im Zustand des *Jagrat*. Ich schließe meine Augen und mache mir ein Bild der Uhr; so bin ich im *Svapna*. Ich stelle im Geist viele Bilder von Uhren zusammen und gelange dadurch zur Idee (allgemeinen Vorstellung) der Uhr; das ist *Sushupti*. Ich schreite vor zum abstrakten Begriff der Zeit; dann bin ich in *Turiya*. Aber alle diese Zustände sind im Bewusstsein der physischen Ebene gelegen, ohne den Körper zu verlassen.

Auf solche Weise kann man sich die Zustände des Geistes anschaulich und verständlich machen, statt viele trockene Worte darüber zu verlieren.

SAMADHI

Es ist nötig, einige andere wichtige Worte, die in den Yoga-Sutras von Zeit zu Zeit wiederkehren, richtig zu verstehen, obwohl in unseren Sprachen keine passenden Ausdrücke dafür existieren. Da sie gebraucht werden müssen, um schwerfällige Umschreibungen zu vermeiden, will ich sie näher erklären. Es wird gesagt: »Yoga ist Samadhi.« Samadhi ist ein Zustand, in welchem das Bewusstsein so vom Körper abgetrennt ist, dass dieser gänzlich unempfindlich wird. Es ist ein Trance-Zustand, in welchem der Geist völlig selbstbewusst bleibt, obwohl der Körper gefühllos ist und aus dem der Geist zum Körper zurückkehrt mit den Erfahrungen, die er in dem überphysischen Zustand gemacht hat, und an die er sich erinnert, wenn er danach wieder ins physische Gehirn eintaucht.

Samadhi bedeutet für jeden Menschen einen besonderen Zustand im Verhältnis zu seinem Wachleben, setzt aber in allen Fällen die Unempfindlichkeit des Körpers voraus. Wenn ein gewöhnlicher Mensch sich in Trance versetzt und auf der Astralebene tätig ist, dann liegt sein Samadhi im Astralleben. Wenn sein Bewusstsein auf der Mentalebene tätig ist, so liegt sein Samadhi-Zustand dort. Der Mensch, welcher sich so weit von seinem Körper zurückziehen kann, dass er unempfindlich wird, während sein Geist vollkommen wach, bewusst und selbstbewusst bleibt, kann Samadhi üben.

Der Satz »Yoga ist Samadhi« umfasst Tatsachen von der höchsten Bedeutung und ist äußerst instruktiv. Nehmen wir den Fall eines Menschen, der die Astralebene nur erreichen kann, während er schläft. Sein Bewusstsein ist dort, wie wir gesehen haben, im *Svapna*-(Traum-) Zustand. Aber wenn er allmählich seine Kräfte entfaltet, so beginnen die Astralformen in physische Bereiche einzudringen, bis sie dort so klar wie die physischen Dinge selbst erscheinen und auf diese Weise Gegenstand des Wachbewusstseins werden. Die astrale Welt gehört dann für ihn nicht länger dem *Svapna*-Bewusstsein an, sondern dem von *Jagrat*. Er hat nunmehr zwei Welten in den Bereich seines Wachbewusstseins gebracht – die physische und die astrale Welt, während sich für die mentale sein Bewusstsein dann im *Svapna*-Zustand befindet. Sein »Körper« (das Nicht-Selbst im Sinn des Yogi) besteht nunmehr in seinem physischen und astralen Vehikel zusammengenommen. In dem Maß, wie er fortschreitet, fängt in ähnlicher Weise die Mentalebene an, innerhalb des Bereiches seines Wachbewusstseins zu treten, und das Physische, Astrale und Mentale sind insgesamt Inhalt seines Wachbewusstseins geworden. Alle zusammen sind für ihn nun die *Jagrat*-Welt. Aber diese Welten machen für ihn nur eine Welt aus. Ihre drei korrespondierenden Körper (Mental-, Astral- und physisches Vehikel) sind nur ein einziger Organismus, ein Leib, der einheitlich wahrnimmt und handelt. Diese drei Körper des gewöhnlichen Menschen sind für den Yogi zu einem einzigen Körper geworden.

Während dieser Yogi daher unter gewöhnlichen Umständen alle drei Wellen zugleich sieht, wie sie einander durchdringen, muss er, wenn er seine Aufmerksamkeit auf eine Sphäre allein richten will, sich auf diese eigens »einstellen«, sie in den Brennpunkt seines Bewusstseins rücken. So ist es also in diesem Zustand des erweiterten Wachbewusstseins möglich, eine Auswahl unter den seiner Betrachtung unterliegenden Objekten zu treffen. Will er zum Beispiel sein Interesse dem Physischen zuwenden, um darin zu forschen, so wird ihm zu gleicher Zeit auch das Astrale und Mentale verschwommen erscheinen. Auf dieselbe Art kann er das Astrale in den Brennpunkt seiner Betrachtung rücken, wobei sich ihm sodann das Physische und Mentale, weil sie außerhalb der Brennweite stehen, undeutlicher darstellen.

Sie werden dies leicht anhand des folgenden Vergleiches verstehen: Wenn ich in dieser Halle, in der ich eben spreche, mein Auge auf die Mitte des Raumes richte, so werden die Säulen zu beiden Seiten in meinem Gesichtsbild unscharf. Wenn ich dagegen meinen Blick auf eine Säule hefte und diese deutlich sehe, so wird meine Zuhörerschaft für mich verschwommen. Es ist also immer nur eine Verschiebung des Brennpunktes durch die Angleichung der Augenlinse, das Auge selbst oder der Körper bleiben immer unverändert. Man vergegenwärtige sich nun, dass alles, was man in seinem Bewusstsein als nicht zum Selbst gehörig abstreifen kann, den

»Körper« des Yogi ausmacht. Je höher man dann aufwärts schreitet, desto mehr niedere Hüllen kommen zusammen, die nur einen einzigen Körper ausmachen – und das Bewusstsein mit jenen stofflichen Hüllen, welche es noch nicht von sich abstreifen kann, macht das Geist-Selbst, den wahren Menschen, aus (Manas – Mens – Mensch = Denker).

»Yoga ist Samadhi.« Er ist die Kraft, sich von allem, was man als seinen Körper kennt, zu trennen und sich in sein inneres Selbst zurückzuziehen. Das ist Samadhi. Keine gewöhnlichen Mittel können uns dann in diesem entrückten Zustand zu der Welt zurückrufen, die wir eben verlassen haben.[1] Nun werden Sie auch den Satz in der »Geheimlehre« verstehen, dass der Adept »sein Samadhi auf der atmischen Ebene beginnt«. Wenn ein *Jivanmukta* ins Samadhi eingeht, so beginnt Er es auf der atmischen Ebene, weil alle Ebenen unter dieser für ihn eine einzige Sphäre ausmachen, zu der sie in

1 Ein indischer Yogi, der von einigen unwissenden, rohen Engländern in einem Wald im Samadhi angetroffen wurde, wurde von ihnen so grässlich misshandelt, dass er nur für einen Augenblick noch einmal in seinen gequälten Körper zurückkehrte, ehe er ihn durch den Tod für immer verließ.

Seinem Bewusstsein verschmolzen sind. Er fängt das Samadhi auf einer Ebene an, zu der sich ein einfacher Mensch noch nicht emporschwingen kann. Er beginnt also auf der atmischen Ebene und erhebt sich von dort aus Stufe um Stufe höher auf den kosmischen Ebenen. Dasselbe Wort Samadhi wird gebraucht, um den höheren Bewusstseinszustand zu beschreiben, ob man sich nun bloß vom Physischen ins Astrale erhob, wie der gewöhnliche Mensch es zu tun pflegt, wenn er sich zu einem erhabeneren Geisteszustand (etwa der Begeisterung des Dichters) aufschwingt, oder wenn ein *Jivanmukta* (Adept), dessen Bewusstsein schon in der atmischen Ebene seinen Mittelpunkt hat, sich zu höheren Sphären einer größeren Welt erhoben hat.

EINIGE BEGRIFFSBESTIMMUNGEN

Es sind einige Worte, die fortwährend wiederkehren und darum einer kurzen Definition bedürfen, und zwar die Folgenden: Entfaltung, Entwicklung, Geistigkeit, Geisteskunde, Yoga und Mystik.

Die »Entfaltung« bezieht sich stets auf das Bewusstsein, und »Entwicklung« (Evolution) auf Formen. »Entwicklung« bedeutet, um mit Herbert Spencer zu reden, die Entstehung des Heterogenen aus dem Homogenen, das Komplexwerden des Einfachen. Aber für das Bewusstsein, für den Geist, gibt es kein Wachstum, keine Vervollkommnung. Es ist alles da und war immer da. Alles, was mit ihm geschehen kann, ist, dass es sich nach außen wendet, anstatt nach innen gerichtet zu bleiben. Der Gott im Menschen kann sich nicht entwickeln, aber Er kann seine Kräfte durch die Materie, die Er sich für diesen Zweck angeeignet hat, zum Ausdruck bringen, und die Materie entwickelt sich in seinem Dienst. Er selbst offenbart nur, was Er schon ist. Bei diesem Gedanken mögen Ihnen wohl viele Aussprüche der großen Mystiker in Erinnerung kommen: »Werde, was du bist«, sagt der heilige Ambrosius. Ein paradoxer Spruch, der aber eine große Wahrheit in sich schließt. Er bedeutet nämlich: Werde nach außen hin das, was du in deinem inneren Wesen bist. Dies ist der Zweck des ganzen Yoga-Systems.

»Geistigkeit« ist die Verwirklichung des Einen.

»Geisteskunde« ist die Betätigung der Intelligenz durch das Mittel irgendeines materiellen Vehikels.[2] »Yoga« ist das Streben nach der Vereinigung mit der Gottheit durch die Kraft des Intellekts, eine Wissenschaft. »Mystik« ist das Suchen nach derselben Vereinigung auf dem Weg durch das Gemüt.[3]

Betrachten Sie den Mystiker. Er konzentriert seinen Geist auf den Gegenstand seiner Hingebung. Er gibt sein Selbstbewusstsein auf und versinkt in inbrünstiger Liebe und Andacht.

---

2 Im englischen Original »Psychismus«. (D. Übers.)

3 Das Wort »Yoga« kann natürlich ganz richtig auf j e d e Vereinigung mit dem Selbst angewandt werden, was immer auch das Verbindungsmittel sei. Ich gebrauche es hier in einem engeren Sinn, speziell in seinem Zusammenhang mit der Intelligenz, als wissenschaftliches System, und hierin folge ich Patanjali.

Alle äußerlichen Gedanken legt er ab, und ganz vertieft in seine Anbetung wird er von den Wogen seines erhobenen Gemüts zur Gottheit entrückt. Er gibt sich keine Rechenschaft, wie er in diesen hohen Zustand gekommen ist. Er ist sich einzig seines Gottes bewusst und seiner Liebe für ihn. Das ist die Verzückung des Heiligen.

Der Yogi schlägt einen anderen Weg ein. Er ist sich bei jedem Schritt bewusst, was er tut. Aufgrund bestimmten Wissens geht er vor, und seine Motive stammen nicht aus dem Gemütsleben. Darum sind alle jene, welche dieser Wissenschaft kein Interesse entgegenbringen und sie langweilig und trocken finden, gegenwärtig nicht in der Lage, jene Seite ihres Wesens zu entfalten, welche naturgemäß im Yoga ihre beste Förderung findet. Der Yogi kann auch die Hingebung als ein Mittel zum Zweck pflegen. Es tritt dies ganz klar bei Patanjali hervor. Er gibt viele Mittel und Wege an, wie man Yoga treiben kann, und merkwürdigerweise ist die Hingabe an *Ishvara* (Gott) eines von ihnen. Dies zeigt den Geist des wissenschaftlichen Denkers. Hingebung an *Ishvara* ist für Patanjali kein

Endzweck, sondern nur ein Mittel zum Zweck der Gedankenkonzentration.

Sie sehen hier sofort den Unterschied des Motivs. Hingabe an *Ishvara* wäre der Pfad des Mystikers. Er erreicht die Vereinigung (*unio mystica*) dadurch. Hingegen betrachtet der Yogi die Hingabe an *Ishvara* nur als eine von den wissenschaftlichen Methoden zur geistigen Sammlung. Umfangreiche Bücher könnten den Unterschied zwischen Yogi und Mystiker nicht besser hervorkehren als diese eine Feststellung. Der eine sieht die Hingabe an *Ishvara* als einen Weg der Seele zur Vereinigung mit ihrem himmlischen Bräutigam an; der andere erblickt darin nur ein Mittel zur Konzentrationsschulung. Für den Mystiker ist Gott in sich selbst der Gegenstand seines Suchens und Strebens. Das Entzücken an ihm zieht ihn empor zu ihm.Vereinigung im Geist ist sein Ziel. Der Yogi richtet seine Gedanken nur zu dem Zweck auf die Gottheit, weil dies ein wirksames Mittel darstellt, um seinen Geist zu sammeln.

DER GOTT AUSSEN UND DER GOTT INNEN

Damit kommen wir zum nächsten Punkt: Der Beziehung des Gottes der Außenwelt zu jenem der Innenwelt. Für den Yogi, der der echteste Vertreter der Hindu-Denkweise ist, gibt es keinen endgültigen Beweis für das Dasein Gottes als einzig das Zeugnis des inneren Selbst. Sein Weg zum Gottesbeweis ist der, dass er von seinem Bewusstsein alle Begrenzungen abstreift und dadurch zum Zustand des reinen Bewusstseins gelangt, einem Bewusstsein, das nur noch einen letzten dünnen Schleier nirvanischer Materie an sich hat. Dann weiß man, dass Gott existiert. (Es ist die bestimmte, absolute Erkenntnis aufgrund des eigenen Erlebens [Gnosis].) So liest man in den Upanishaden von »Ihm, dessen einziger Daseinsbeweis das Zeugnis des Selbst ist«. Das ist recht verschieden von den westlichen Denkweisen, wo man Gott durch ein äußeres Beweisverfahren als existierend darzulegen versucht. Der Hindu dagegen wird uns sagen, dass man Gott nicht durch irgendwelche Argumente oder Verstandesschlüsse beweisen kann. Er steht über und außerhalb des Verstandes. Obgleich uns der Verstand ein Stück weit zu diesem Ziel führen kann, gelingt es ihm nie, einen definitiven Nachweis für das Bestehen eines Gottes erbringen zu können. Der einzige Weg zu seiner Erkenntnis ist das Versenken in sich selbst. Dort wird man ihn entdecken und erkennen, dass er sowohl außerhalb von uns als auch in uns lebt und wirkt.

Yoga ist ein System, welches uns befähigt, uns all dessen in unserem Bewusstsein zu entsagen, was nicht Gott ist (mit Ausnahme des schwachen Schleiers des nirvanischen Atoms), um so zur Erkenntnis zu kommen, dass Gott ist, und zwar mit der Kraft einer unerschütterlich gewissen Überzeugung. Für den Hindu ist diese innere Überzeugung das Einzige, das wert ist, »Glaube« genannt zu werden. Darin liegt der Grund, dass man oft vom Glauben sagt, er stehe außerhalb der Vernunft, weshalb er auch mit Leichtgläubigkeit verwechselt wird. Der Glaube liegt jenseits der Vernunft, weil er das eigene Zeugnis des höheren Selbst ist, jene Überzeugung von dem Dasein des Selbst

(»cogito ergo sum«), während die Vernunft von dem Selbst nur eine äußere Manifestation ist. Der einzig richtige Glaube ist jene innere Überzeugung, welche durch kein Argument weder bestärkt noch geschwächt werden kann; jene Überzeugung von dem höheren Selbst in uns, dessen wir allein uns gänzlich gewiss sind. Es ist der Zweck des Yoga, uns zu befähigen, dieses Selbst dauernd festzuhalten, nicht nur durch ein ab und zu erfolgendes Aufblitzen der Intuition, sondern stetig, unwandelbar und felsenfest. Wenn das Selbst einmal so erreicht ist, kann die Frage »Gibt es einen Gott?« nie wieder das menschliche Bewusstsein beunruhigen. (»Atma ist gleich Brahma.«)

VERÄNDERUNGEN DES BEWUSSTSEINSZUSTANDES

Es ist nun nötig, uns ein wenig über das Bewusstsein, welches unser Selbst ist, zu orientieren. Ferner auch über die Materie, welche aber das Selbst so oft mit sich identifiziert. Das Hauptmerkmal des Bewusstseins ist sein steter Wechsel, mit der unumstößlichen Tatsache im Hintergrund, dass es ist. Das Bewusstsein des Daseins ist keiner Veränderung unterworfen, aber jenseits seiner ist alles Wechsel, und bloß durch diese Vorgänge der Veränderung wird das Bewusstsein zum Selbstbewusstsein. Das Bewusstsein ist etwas fortwährend Veränderliches, das sich um eine unveränderliche Grundidee als Mittelpunkt gruppiert – um das absolut seiende Selbst. Das Bewusstsein verändert sich nicht unter einem Orts- oder Lagewechsel. Es ändert nur seinen inneren Zustand.

Im Bereich des Materiellen ist jeder Zustandswechsel verursacht durch eine ihm zugrunde liegende räumliche Veränderung. Ein Wechsel im Bewusstsein ist nur eine Zustandsänderung;

ein Wechsel in den Verhältnissen der Materie bedeutet einen Ortswechsel ihrer Teile. Jedoch kommt die Tatsache hinzu, dass jeder Wechsel im Bewusstseinszustand in Verbindung steht mit Schwingungen in den stofflichen Bestandteilen seines Vehikels. Eine Beobachtung der Materie ergibt drei fundamentale Eigenschaften: Rhythmus, Bewegung und Beständigkeit – *sattva, rajas, tamas. Sattva* ist Rhythmus, Schwingung, es ist mehr als *Rajas*, die Bewegung. Es ist eine regelmäßige Bewegung, ein Schwingen von einer Seite zur anderen, bis an gewisse Begrenzungspunkte, der Weite einer Wellenlänge oder dem Ende einer Schwingungsperiode.

Oft wird die Frage aufgeworfen: »Wie können zwei so verschiedene Dinge wie Materie und Geist sich gegenseitig beeinflussen? Können wir denn diese große Kluft überbrücken, die angeblich unüberschreitbar ist?« Ja! Der Inder hat sie überschritten oder wenigstens gezeigt, dass keine solche Kluft existiert. Für den Inder sind Materie und Geist nicht nur zwei Phasen des Einen, sondern durch eine sorgfältige Analyse der Beziehungen zwischen Bewusstsein und

Materie erkannte er, dass in jedem Universum der Materie vom Logos ein bestimmtes, beständiges Verhältnis von Rhythmen auferlegt wurde: Jede stoffliche Schwingung entspricht einer bestimmten Veränderung im Bewusstsein dieses Organismus. Es gibt keinen Wechsel des Bewusstseinszustandes, sei er auch noch so gering, dem nicht ein Schwingungsvorgang in der Materie zugeeignet wäre. Es gibt keine Vibration im Stofflichen, sei sie auch noch so rasch und so fein, mit der nicht irgendeine bestimmte Veränderung im Bewusstsein Hand in Hand ginge. Das ist die erste große Tat des Logos, welche die indischen Schriften bei der Darstellung des Atombaues beschreiben – die *Tanmatras*, »das Maß von Jenem«, das Maß des Bewusstseins. Er, der Bewusstsein ist, hat seiner Materie eine Antwort auf jede Bewusstseinsregung auferlegt, und diese Antwort besteht in ungezählten Schwingungen. So ist also zwischen dem Selbst und seinen Hüllen diese unabänderliche Beziehung aufgerichtet: Wechsel im Bewusstsein, Schwingung in der Materie und vice versa. Auf diese Weise wird das Selbst befähigt, das Nicht-Selbst zu erkennen.

Diese Wechselwirkungen werden im Raja-Yoga ebenso wie im Hatha-Yoga verwertet, im »königlichen Yoga« und dem »Yoga des eisernen (körperlichen) Trainings«. Der Raja-Yogi ist bestrebt, die wechselnden Bewusstseinszustände zu beherrschen und vermöge dieser Herrschaft die stofflichen Vehikel zu regieren. Der Hatha-Yogi trachtet danach, die Schwingungen der Materie zu beherrschen und durch diese Herrschaft die erwünschten Wechselwirkungen auf das Bewusstsein hervorzubringen.

Der schwache Punkt des Hatha-Yoga liegt darin, dass die Einflüsse, welche diesen Weg nehmen, nicht weiter als bis zur Astralebene dringen können, und die große Spannung, welche auf die verhältnismäßig schwer beeinflussbare physische Materie ausgeübt wird, hat sehr oft ein Absterben gerade jener Organe im Gefolge, deren Tätigkeit nötig ist, um den gewünschten Umschwung im Bewusstsein hervorzubringen. Der Hatha-Yogi erlangt die Kontrolle über jene körperlichen Organe, mit deren Beherrschung das gewöhnliche Wachbewusstsein sich nicht mehr befasst, da es diese bereits seinem niedrigeren Partner, dem »Unterbewusstsein«, überantwortet hat. Es ist dies allerdings öfter zur Vorbeugung gegen Krankheiten nützlich, dient aber keinen höheren Zwecken. Wenn der Yogi anfängt, sich mit den Gehirnzentren zu befassen, die mit dem gewöhnlichen Bewusstsein verbunden sind, und noch mehr, wenn er sich an jene wagt, die mit dem Überbewusstsein in Verbindung stehen, kommt er in eine gefährliche Lage. Es besteht mehr Wahrscheinlichkeit, dass er sich schädigt, als dass er sich fördert.

Jene Verwandtschaftsbeziehungen allein sind es, die uns die Materie erkennbar machen. Jeder Veränderung im Denker (*Manas*) wird von einer Veränderung in der Außenwelt geantwortet, und seine neuerliche Antwort darauf sowie die Veränderung, die diese letztere wiederum in der Materie hervorruft, bringt schließlich eine Umwandlung in der Materie jenes Körpers hervor, welcher die Hülle dieses Denkers darstellt. Daher werden die rhythmischen Veränderungen in der Materie richtigerweise die Ursache ihrer Erkennbarkeit genannt. Das Bewusstsein kann die Materie wahrnehmen aufgrund dieser unwandelbaren Wechselwirkung zwischen den beiden Seiten des manifestierten Logos, der der Eine ist und bleibt. Das Selbst wird der Veränderungen in sich selbst gewahr und so auch jener der äußeren Welt, mit denen die Veränderungen verknüpft sind.

DER GEIST

Was ist der Geist? Vom Standpunkt des Yogi ist er einfach das individualisierte Bewusstsein, und zwar das ganze. Es ist das Ganze unserer Bewusstseinstätigkeiten, welche einige westliche Psychologen außerhalb des Geistes stellen. Nur auf der Grundlage der orientalischen Psychologie ist der Yoga möglich.

Wie sollen wir dieses individualisierte Bewusstsein beschreiben? Zuerst nimmt es Dinge wahr. Nach der Wahrnehmung begehrt es nach ihnen. Indem es sie begehrt, macht es den Versuch, sie zu erlangen. So haben wir also die drei Seiten des Bewusstseins: Wahrnehmung, Wunsch und Handlung.

Auf der physischen Ebene herrscht die Tätigkeit vor, obgleich auch Begierden und Gedanken dort wirken. Auf der Astralebene herrscht hauptsächlich der Wunsch vor, und Gedanke und Handlung sind der Begierde unterstellt. Auf der Mentalebene ist die Intelligenz der Hauptfaktor, dem Wunsch und Handlung untergeordnet sind. Schreiten wir zur *Buddhi*-Ebene voran, so finden wir dort Erkenntnis als reine Vernunft vorwaltend. Jede Eigenschaft ist allzeit gegenwärtig, aber eine hat den Vorrang vor den anderen. So verhält es sich auch mit der zugehörigen Materie. In unserer Anordnung der stofflichen Träger haben wir rhythmische, bewegliche oder beständige Gebilde; und entsprechend der Anordnung der Materie in unseren Körpern werden auch die Wirkungen dieser ganzen Tätigkeitszustände auf das Bewusstsein beschaffen sein.

Um sich dem Yoga zu widmen, ist es erforderlich, seinen Körper in rhythmischer Anordnung aufzubauen, während die Tätigkeit und Beharrlichkeit weniger vorherrschen. Der Yogi trachtet danach, seinen Körper dem Geist anzugleichen, ihn kongenial zu gestalten.

STUFEN DES GEISTES

»Der Geist hat fünf Stufen«, sagt uns Patanjali. Und Vyasa erklärt uns, dass »diese fünf Stufen des Geistes auf jeder Ebene vorhanden sind«. Die erste Stufe ist jene, wo der Geist unstet herumflattert – der *Kshipta*-Zustand. Es ist der Schmetterlingsgeist, die Kindheitsstufe der Menschheit, wie sie auch beim einzelnen Menschen den Geist des Kindesalters ausmacht, welcher fortwährend von einem Gegenstand zum anderen springt. Er entspricht dem Prinzip der Tätigkeit auf dem physischen Plan. Die nächste Stufe ist der verworrene Zustand, *Mudha*, die Stufe des Knabenalters, wo der Geist unter den Gemütsbewegungen hin und her schwankt und von ihnen verwirrt wird. Er beginnt zu begreifen, dass er unwissend ist – der erste Schritt von der Unbeständigkeit und Schwachheit des Kindes weg, ein charakteristischer Zustand, der im Leben der Astralsphäre seine Entsprechung findet. Dann kommt die Stufe der blinden Voreingenommenheit, *Vikshipta*, der Zustand eines Menschen, der sich in eine Idee verrannt hat, sei es nun Liebe, Ehrgeiz oder was auch immer. Er ist nicht länger ein verwirrter Knabe, sondern ein zielbewusster Mann, erfüllt von seiner Idee. Es mag entweder die fixe Idee eines Verrückten sein oder jene fixe Idee, welche den Helden oder Heiligen ausmacht. In jedem Fall ist er von einer bestimmten Idee beseelt. Ihre Qualität macht den Unterschied zwischen dem Neurotiker und dem Märtyrer aus.

Ob nun Wahnsinniger oder Märtyrer, er steht unter dem Bann der einmal gefassten Idee, gegen die keine Vernunftgründe aufkommen können. Hat sich jemand zum Beispiel einmal in den Kopf gesetzt, dass er aus Glas sei, so wird kein noch so gründlicher Gegenbeweis ihn von der Falschheit seiner Einbildung überzeugen. Er wird sich stets für so zerbrechlich wie Glas halten. Das ist ein Beispiel für die falschen fixen Ideen. Aber es gibt auch eine fixe Idee, die, wie gesagt, den Helden oder den Märtyrer ausmacht. Jene Menschen, die für eine große Wahrheit, welche ihnen kostbarer als das Leben selbst ist, alles andere beiseite werfen, sind von ihrer einen großen Idee so durchdrungen und erfüllt, dass sie freudig den Tod für sie erleiden. Von diesem Zustand sagt man, dass er sich dem Yoga nähere; denn ein solcher Mensch wird zur Gedankenkonzentration fähig, wenn sie sich auch nur auf eine einzige Idee erstreckt. Diese Stufe entspricht dem Tätigkeitsprinzip auf der unteren Mentalebene.

Wenn aber jemand eine Idee beherrscht, anstatt von ihr beherrscht zu werden, so haben wir den auf einen Punkt zentrierten Geisteszustand vor uns, der im Sanskrit *Ekagrata* heißt und den vierten Zustand darstellt. Das ist der gereifte Mensch, für das wahre Leben bereit. Wenn der Mensch unter der Führerschaft einer Idee durch das Leben gegangen ist, dann kommt er bereits dem Yoga näher. Er entledigt sich der Fesseln der Welt und tritt aus dem Bereich ihrer Verlockungen heraus. Wenn er aber das besitzt, was ihn besessen hat, dann ist er zum Yoga fähig geworden. Dann kann er mit jener Schulung beginnen, die ihm einen raschen Fortschritt sichert. Diese Stufe findet ihre Entsprechung in dem Tätigkeitsprinzip der höheren Mentalebene.

Auf dieser vierten Stufe, *Ekagrata*, baut sich die fünfte Stufe auf, *Niruddha*, die Stufe des selbstbeherrschten Menschen. Wenn der Mensch nicht nur eine Idee in sich trägt, sondern, sich über alle Ideen erhebend, seine Auswahl nach seinem Willen trifft, etwas annimmt oder nicht annimmt gemäß seinem erleuchteten Willen, dann ist er selbstbeherrscht geworden und imstande, mit größtem Erfolg Yoga zu üben. Dieser Zustand hat sein Ebenbild im Tätigkeitsprinzip der buddhischen Ebene.

Auf der dritten Stufe (*Vikshipta*), wo er gänzlich unter dem Einfluss einer Idee steht, lernt der Mensch *Viveka*, die Kraft der Unterscheidung zwischen dem Äußeren und dem Inneren, dem Wirklichen und dem Unwirklichen. Wenn er die Lektion von *Viveka* erfasst hat, rückt er um eine Stufe vorwärts. Im *Ekagrata* verlegt er sich auf eine Idee, die dem Innenleben angehört; und sobald er seinen Geist auf diese eine Idee geheftet hat, lernt er zugleich *Vairagya* oder Wunschlosigkeit. Er erhebt sich über das Verlangen, Gegenstände der Lust, die entweder dieser oder einer anderen Welt angehören, zu besitzen. Dann schreitet er zur fünften Stufe, jener der Selbstbeherrschung, voran. Um diese zu erreichen, übt er sich in sechs Tugenden,

den *Shatha-Sampatti*. Diese sechs Eigenschaften oder Fähigkeiten haben mit der Willensseite des Bewusstseins zu tun, gerade wie die anderen beiden, *Viveka* und *Vairagya*, mit deren Wahrnehmung und Handlung verknüpft sind.

Durch eine Prüfung seines eigenen Geistes findet man heraus, inwieweit man dazu bereit ist, die vorgezeichneten Yoga-Übungen entschlossen aufzunehmen. Man erforscht seinen Geist, um sich über diesen Gegenstand Rechenschaft abzulegen. Wenn man in einem der beiden ersten Zustände befangen ist, dann ist man nicht für den Yoga bereit. Das Kind und der Knabe sind nicht fähig, Yogis zu werden, auch der befangene Mensch ist dazu nicht geeignet.

Von hier (*Vikshipta*) gelangt man zu der nächsten Stufe, jener der Zentrierung auf ein Ziel, wo man sich seine eigene Lieblingsidee erwählt und aus freiem Willen an ihr festhält. Kurz ist sodann der Schritt von da zur vollkommenen Selbstbeherrschung, die alle Regungen des Geistes willkürlich aufheben kann. Wenn man diese Stufe erreicht hat, so ist es verhältnismäßig leicht, in den Samadhi-Zustand überzugehen.

DAS NACH INNEN UND DAS NACH AUSSEN GERICHTETE BEWUSSTSEIN

Es gibt zweierlei Samadhi: Einen nach außen gewendeten und einen nach innen gerichteten. Der nach außen gewendete Zustand des Bewusstseins ist immer der erste. Wenn man sich über die Gegenstände hinaus zu den ihnen zugrunde liegenden Prinzipien erheben kann, wenn man durch die Form hindurch einen Lichtblick in das Leben werfen durfte, dann ist man auf der Stufe des Samadhi mit nach außen gewendetem Bewusstsein angelangt. Darwin erklomm diese Stufe, als es ihm gelang, einen Blick in die Wahrheit des Entwicklungsgedankens zu tun. Das ist der nach außen gerichtete Samadhi des physischen Körpers. Technisch wird er als der *Samprajnata-Samadhi* bezeichnet, der »Samadhi mit Bewusstsein«. Besser aber, glaube ich, würde man sagen: »Mit nach außen gewendetem Bewusstsein.« Man ist sich der Gegenstände bewusst. Wenn der Gegenstand verschwindet, wenn das Bewusstsein sich also von der Hülle ablöst, durch welche diese Gegenstände wahrgenommen werden, dann tritt der *Asamprajnata-Samadhi* ein, genannt der »Samadhi ohne Bewusstsein«. Ich ziehe es vor, ihn »das nach innen gerichtete Bewusstsein« zu nennen. Denn dadurch, dass man sich von der Außenwelt abwendet, wird diese Stufe erreicht.

Diese beiden Stufen des Samadhi folgen einander auf jeder Ebene. Der intensiven Konzentration auf Gegenstände der ersten Stufe des Bewusstseins und dem dabei erfolgenden Durchdringen der äußeren Form bis zum zugrunde liegenden Prinzip folgt auf dem Fuß die Abkehr des Bewusstseins von der Hülle, die ihren Dienst getan hat. Das Bewusstsein zieht sich nun in sich selbst zurück, in eine seiner Hüllen, die es noch nicht als Hülle erkannt hat. Es ist sich dann zeitweilig nur seiner selbst bewusst und nicht seiner Außenwelt. Dann kommt die »Wolke«, das abermalige Aufdämmern einer äußeren Wahrnehmung, ein verschwommenes Gefühl von irgendetwas anderem als sich selbst. Dem folgt das In-Tätigkeit treten der höheren Hülle und dic Wahrnehmung der Gegenstände in der nächst höheren Ebene, die der neuen

Hülle entsprechen. Der vollständige Kreislauf stellt sich also so dar: *Samprajnata-Samadhi*, *Asamprajnata-Samadhi*, *Megha* (Wolke), dann wiederum der *Samprajnata-Samadhi* der nächst höheren Ebene und so fort.

DIE WOLKE

Der Ausdruck *Megha* (der vollständig *Dharma-Megha* heißt, Wolke der Rechtschaffenheit, Wolke des Gerechten oder der Religiosität) ist ein Ausdruck, der von den Kommentatoren sehr knapp erklärt wird. Die einzige Erläuterung, die sie geben, ist die, dass von dem ganzen vergangenen Karma des Menschen das angesammelte Gute sich um ihn häuft und auf ihn in diesem Zustand als ein Segensstrom herabfließt. Sehen wir, ob sich nichts Besseres als diese karge Erklärung finden lässt.

Der Ausdruck »Wolke« kommt sehr oft in der mystischen Literatur des Abendlandes vor. »Die Wolke auf dem heiligen Berg«, »Die Wolke über dem Heiligtum«, »Die Wolke über dem Stuhl der Barmherzigkeit« – sind Ausdrücke, die jedem Theologen bekannt sind. Das Erlebnis, das damit bezeichnet wird, ist allen Mystikern auf den niedrigeren Stufen durch die eigene Erfahrung vertraut, einigen in vollem Maß. In den unteren Stufen ist es jenes Erlebnis, das eben beschrieben wurde, nämlich die Zurückziehung des Bewusstseins in eine Hülle, die noch nicht als Hülle erkannt worden ist, später ist es das In-Tätigkeit-Treten dieser Hülle. Das erste Anzeichen davon ist die verschwommene Wahrnehmung von etwas neuem Äußeren. Man fühlt sich, als ob man von einem dichten Nebel umgeben wäre. Man ist sich bewusst, dass man nicht allein ist, ist aber noch unfähig zu sehen. Man sei ruhig, geduldig und harre aus. Ohne Spannung möge man abwarten, das Bewusstsein auf das Kommende eingestellt. Bald wird sich die Wolke lichten und zuerst in schwachem Schimmer, dann in ihrer vollen Schönheit den Blick auf eine höhere Ebene mit ihrem entzückenden Glanz eröffnen. Dieser Eintritt in eine neue Welt wird sich fortwährend wiederholen, bis das Bewusstsein schließlich auf der Buddhi-Ebene ruht. Die Wunder dieser Ebene verschwinden in dem Maß, als das Bewusstsein sich von dieser wunderbaren Welt ab- und in sich zurückzieht. Dann wird die wahre »Wolke auf dem Heiligtum«, die Wolke, die das Allerheiligste verschleiert, welche die Anschauung des Selbst verbirgt, gefunden werden. Dann kommt das, was als die Entziehung des Lebens selbst erscheint, das Loslösen von dem letzten Halt des Greifbaren, das Schweben im Nichts, die Schauer der großen Finsternis, die unsägliche Einsamkeit. Harre aus, harre aus! Alles musst du von dir werfen, »nichts als das Ewige kann dir helfen«. Gott erscheint allein in der Stille. Wie Moses gesagt wurde: »Sei stumm und wisse, dass ich Gott bin.« In diesem Schweigen wird eine Stimme erschallen, die Stimme des Selbst. In dieser Stille fühlt man ein Leben, das Leben des Selbst. In jener Leere wird sich eine Fülle offenbaren, die Fülle des Selbst. In jener Dunkelheit wird ein Licht aufleuchten, der Glorienschein des Selbst. Die Wolke wird verschwinden, und der Glanz des Selbst wird sichtbar werden. Was früher nur der Schimmer einer weit entfernten Majestät gewesen ist, wird eine unvergängliche Verwirklichung werden. Wenn wir das Selbst und unsere Einheit mit ihm erkannt haben, so werden wir in jenen Frieden eingehen, der allein dem Selbst zueigen ist.

Teil II

PHILOSOPHISCHE SYSTEME

Jeder Psychologe, der mit dem Sanskrit vertraut ist, wird wissen, wie wertvoll ihm diese Kenntnis für eine genaue, wissenschaftliche Behandlung seines Gegenstandes ist. Das Sanskrit ist eine Sprache, die sich besser als irgendeine andere zur lichtvollen Erörterung von schwierigen psychologischen Problemen eignet. Immer wieder wird durch den bloßen Aufbau eines Wortes bereits ein Wink gegeben, eine Erklärung oder eine Beziehung angedeutet. Sein Sprachgebäude ist in der Weise angelegt, dass eine große Anzahl von Bedeutungen durch ein einziges Wort zusammengefasst wird. So lassen sich alle verwandten Gedanken oder Tatsachen durch diesen etymologischen Zusammenhang aus dem dafür im Sanskrit gebrauchten Ausdruck erkennen; denn es hat eine begrenzte Anzahl von Wurzeln und eine außerordentliche Menge von abgeleiteten Worten, die auf diese Wurzeln aufgebaut sind.

Nun ist die Wurzel des Wortes »Yoga« ein Stamm, der so viel wie »vereinigen« bedeutet – nämlich »*yuj*«. Diese Wurzel kehrt in mehreren Sprachen wieder, natürlich auf dem Weg über das Lateinische, wo wir auf den Ausdruck »jugare« und »jungere« stoßen (engl. »to join«, franz. »joindre«) – und von dieser Wurzel sind eine Anzahl englischer Worte abgeleitet, die einem unmittelbar in den Sinn kommen, wie junction, conjunction oder disjunction. Das englische Wort »yoke« (deutsch »das Joch«, lat. »jugum«) ist ebenfalls von derselben Sanskrit-Wurzel abgeleitet, und man kann so durch die verschiedenen Worte, Gedanken und Tatsachen, die mit dieser einen Wurzel zusammenhängen, zur Bedeutung des Begriffes »Yoga« gelangen. Die vielen reich verzweigten Bedeutungen, welche alle dieses eine Wort in sich schließt, sowie seine sinnreichen Ableitungen können uns als Wegweiser zu seinem eigentlichen großen Inhalt dienen, den es bezeichnen soll.

In anderen Sprachen, z. B. im Französischen, haben wir das Wort *Rapport*, welches auch im

Englischen gebräuchlich ist. »Im Rapport stehend« ist ein Ausdruck, der im Englischen (und auch im Deutschen) so eingebürgert ist, dass man ihn überall hört. Dieser Ausdruck ist in gewisser Hinsicht derjenige, welcher sich mit dem Worte Yoga am besten deckt: »Verwandt sein mit« oder »in Beziehung stehen zu«, »verbunden sein mit«, »eintreten in«, »verschmelzen« oder »aufgehen«. Alle diese Bedeutungen sind unter dem einen Begriff Yoga zusammengefasst.

Wenn man Shri Krishna in der Gita sagen hört: »Yoga ist Ausgeglichenheit«, so sagt er damit im Sanskrit etwas vollständig Selbstverständliches. Denn Yoga schließt den Begriff des Gleichgewichtes in sich, das Gleichgewicht der Kräfte »unter einem Joch«. Das Sanskritwort dafür ist »*Samatva*«, Zusammensein. Darum ist dies eine ganz einfache, unzweideutige Feststellung, die gar nichts übermäßig Tiefsinniges sein soll, indem einfach eine der Grundbedeutungen des Wortes ausgedrückt wird, das Shri Krishna gebraucht. So verhält es sich auch mit einem anderen Wort, das in dem Kommentar enthalten ist, welchen ich im vorigen Kapitel anführte. Es hat für den Hindu einen ganz unzweideutigen Sinn und lautet: »Yoga ist Samadhi.« Jemand, der beispielsweise nur Englisch versteht, wird daraus keinen bestimmten Gedanken entnehmen können, weil jedes Wort für sich eine Erklärung verlangt. Für den Sanskrit-Kenner sind diese beiden Worte ganz selbstverständlich miteinander verbunden, denn das Wort Yoga, wie wir gesehen haben, bedeutet: Zusammen unter einem Joch sein. Samadhi ist von der Wurzel »dha« abgeleitet, was *stellen* bedeutet, und die Präposition »sam« und »a« drücken »vollkommen« oder »zusammen« aus. Samadhi heißt also wörtlich »vollkommen zusammensetzen« und würde seine etymologische Entsprechung im Lateinischen in dem Wort »compositum« finden. Samadhi bedeutet demnach »den Geist sammeln« und »alle Zerstreuung verhindern«. So sind also ebenso etymologisch wie praktisch die Nachweise erbracht, dass die beiden Ausdrücke unzertrennlich miteinander verbunden sind. Wenn also Vyasa, der Veden-Kommentator, sagt: »Yoga ist der gelassene Geist«, so spricht er klar und deutlich aus, was der Begriff Yoga in sich schließt. Obgleich also Samadhi zufolge einer natürlichen

Ideenverkettung heute auch in der Bedeutung von Trance verwendet wird, der aus der vollkommenen Sammlung hervorgehen kann, so sollte man doch seine Urbedeutung nicht aus dem Auge verlieren.

Es hat sich aus dem Vorhergehenden schon ergeben, wie unvollkommen die Sanskrit-Ausdrücke in den europäischen Sprachen wiederzugeben sind. Ich möchte darum jedem, der dazu in der Lage ist, den Rat geben, sich ausreichend über diese wunderbare Sprache zu orientieren, um sich die Literatur des Yoga besser zugänglich zu machen, als es jemandem möglich wäre, der des Sanskrits gänzlich unkundig ist.

DAS VERHÄLTNIS DES YOGA ZUR INDISCHEN PHILOSOPHIE

Ich möchte Sie einladen, mit mir einige Zeit bei der Frage zu verweilen, welche Stellung der Yoga im Verhältnis zu den beiden wichtigsten Richtungen der indischen Philosophie einnimmt. Weder der Engländer noch der des Sanskrit unkundige Inder können tatsächlich die Übersetzungen der indischen Hauptwerke richtig verstehen, die zur Zeit in Indien und im Abendland verbreitet sind, oder die Tragweite der angeregten Gedanken erfassen, wenn sie sich nicht wenigstens bis zu einem gewissen Grad mit diesen großen philosophischen Schulen im Umriss bekannt machen. Diese Schulen sind der Urquell dieser Bücher und vieler anderer Schriften. Nehmen wir die Bhagavad-Gita: Sie müssen sicherlich auf mehr oder weniger Unklarheiten bei der Lektüre stoßen, wenn Sie sich nicht die Tatsache vor Augen halten, dass das Werk sich auf eine bestimmte indische Philosophie stützt. Fast alle technischen Ausdrücke sind praktisch festgelegt durch jenen Sinn, den sie in der sogenannten *Sankhya*-Philosophie erhalten haben. Allerdings trifft man auch Wendungen, die mehr zum *Vedanta* gehören. Die große Mehrzahl gehört aber dem *Sankhya* an, und es wird stillschweigend vorausgesetzt, dass jemand, der dieses Buch liest oder studiert, mit den leitenden Grundgedanken dieser Philosophie bekannt ist. Ich will Sie nicht mit Einzelheiten langweilen, aber die Hauptideen dieser Philosophie muss ich Ihnen darstellen. Wenn Sie diese nämlich begriffen haben, werden Sie nicht nur die Bhagavad-Gita mit größerem Verständnis als zuvor lesen, sondern Sie werden auch in den Stand versetzt, sie praktisch für Zwecke des Yoga zu nützen, wie es Ihnen ohne diese Kenntnis fast unmöglich sein würde.

Sowohl in der Bhagavad-Gita als auch in den Sutras des Patanjali sind die Ausdrücke dem *Sankhya*-System entnommen, und geschichtlich basiert der Yoga auf dem *Sankhya*, so weit seine Philosophie in Betracht kommt. *Sankhya* befasst sich nicht mit dem Dasein der Gottheit, sondern nur mit dem Werden eines Weltalls, mit dem Plan der Entwicklung. Daher wird er oft als *Nirishvarasankhya* bezeichnet, als der *Sankhya* ohne Gott (*Ishvara*). Aber so eng ist dieses System mit dem des Yoga verknüpft, dass dieser oft *Seshvara-Sankhya* (*Sankhya* mit Gott) genannt wird.

Zum Verständnis des letzteren ist es daher nötig, einen Teil des *Sankhya*-Systems zu skizzieren, jener Lehre, die die Beziehung zwischen Spirituellem und Materiellem erörtert, und danach werden wir dazu übergehen, die Abweichungen zu kennzeichnen, welche das Vedanta-System in seiner Auffassung von Selbst und Nicht-Selbst gegenüber dem *Sankhya* aufweist, um schließlich aufgrund der theosophisch erforschten Naturtatsachen die scheinbar zwischen beiden klaffenden Widersprüche zu versöhnen.

Die Anweisungen, welche aus dem Mund des »Herrn des Yoga« in der Gita gegeben werden, scheinen einander öfter zu widersprechen und sich aufzuheben, denn sie sind mitunter in Sankhya-Begriffe, mitunter in solche des Vedanta gekleidet. Während sie von verschiedenen Standpunkten ausgehen, indem der eine die Welt von der Seite des Materiellen, der andere von der Seite des Spirituellen ansieht, wird jemand, der ein Jünger der Theosophie ist, durch die Kenntnis der tatsächlichen Verhältnisse in der Lage sein, den verschiedenen Redewendungen ihren richtigen Sinn und ihre wahre Bedeutung beizumessen. Diese Brücke zwischen den anscheinenden Widersprüchen der Systeme zu schlagen, soll nunmehr unsere nächste Aufgabe sein.

Die Sankhya-Schule beginnt mit der Behauptung, dass das Universum aus zwei Faktoren besteht. Das erste Gegenpaar sind Geist und Materie, oder genauer: Geister und Materie. Der Geist wird *Purusha*, der Mensch, genannt, und jeder Geist ist ein Individuum. Jeder *Purusha* ist eine Einheit des Bewusstseins. Sie teilen alle dieselbe Natur, aber sie sind immerwährend voneinander getrennt. Solche Einheiten gibt es viele: Man trifft zahllose *Purushas* in der Welt der Menschen an. Aber während ihre Menge zahllos ist, sind sie in ihrem Wesen identisch, sie sind von derselben Art. Jeder *Purusha* hat drei Charakteristika, und diese sind in jedem die gleichen. Das erste ist die Wahrnehmung, sie soll später zur Erkenntnis reifen. Das zweite ist das Leben oder *Prana*, das zur Tätigkeit wird. Die dritte Eigenschaft ist die Unveränderlichkeit, das Wesen der Ewigkeit. Aus diesem Beharren entsteht der Wille. »Ewig« ist nicht dasselbe wie immerwährend, was manche verwechseln. Zeit und Ewigkeit sind zwei grundverschiedene Dinge. Die Ewigkeit ist Unveränderlichkeit und Gleichzeitigkeit. Keine Reihenfolge oder Differenz von Zeiten, auch keine endlose, wenn es eine solche gibt, könnte die Ewigkeit ergeben. Die Tatsache, dass der *Purusha* diese Eigenschaft der Unveränderlichkeit hat, zeigt uns, dass er ewig ist; denn die Wechsellosigkeit ist ein Kennzeichen des Ewigen. Dies sind die drei Attribute des *Purusha* nach der Lehre des *Sankhya*. Obgleich diese hier nicht wie im *Vedanta* als *Sat*, *Chit* und *Ananda* bezeichnet sind, so sind sie gleichwohl praktisch dasselbe. Wahrnehmung oder Erkenntnis ist so viel wie *Chit*, Leben oder Kraft ist *Sat*, und das Wesen der Ewigkeit ist *Ananda*.

Diesen homogenen zahllosen Einheiten der *Purushas* steht *Prakriti*, die Materie, als Zweites in der *Sankhya*-Dualität gegenüber. *Prakriti* gibt es nur eine, *Purushas* viele. *Prakriti* ist ein Kontinuum, während die *Purushas* in sich homogene Einheiten darstellen. Das Zusammenhängende ist charakteristisch für *Prakriti*.

Wir wollen nun einen Augenblick bei dem Ausdruck *Prakriti* verweilen. Lassen Sie uns seiner Grundbedeutung nachgehen. Der Name zeigt bereits das Wesen an: »*Pra*« heißt »heraus«, und »*kri*« ist die Wurzel »machen«. *Prakriti* heißt also »herausmachen«. Die Materie ist demnach das, was das Wesen des Seins befähigt zu werden. Das, was Sein ist (Istens), wird zum äußeren Sein (Existens), das Innere zum Äußeren, eben durch die Materie. Diesen Prozess gibt in einem Wort der Ausdruck *Prakriti* wieder. Nur durch *Prakriti* kann der *Purusha* oder das Spirituelle sich entfalten. Ohne die Anwesenheit von *Prakriti* ist der *Purusha* hilflos, machtlos, bloße Abstraktion. Nur mittels *Prakriti* und durch seine Gegenwart in ihr kann der *Purusha* seine Kräfte entfalten.

Auch *Prakriti* hat drei Attribute oder Charakteristika: Die drei *Gunas*, nämlich Rhythmus, Bewegung und Beharrung. Der Rhythmus befähigt die Wahrnehmung, zur Erkenntnis zu werden; die Bewegung befähigt das Leben, Tätigkeit zu werden; und die Beharrung lässt die Unveränderlichkeit zum Willen werden.

Nun ist die Auffassung über das Verhältnis des Spirituellen zum Stofflichen eine ganz eigentümliche, und die Verwirrung dieser philosophischen Ideen gab schon zu vielen Irrtümern Anlass. Aber wenn man diesen Punkt klar erfasst hat, werden einem viele sonst dunkle Stellen in der Bhagavad-Gita aufgehellt. Zum Beispiel alle die Aussprüche über den Handelnden und die Handlung sowie über die Falschheit der Redensart »Ich tue ...« werden sogleich verständlich, weil dabei technische *Sankhya*-Begriffe vorausgesetzt sind.

Die drei Qualitäten der *Prakriti* sind, wenn man sich die *Prakriti* von *Purusha* losgelöst denkt, im Gleichgewicht, indem die eine jede der anderen aufhebt, so dass dann die Materie »*jada*« (unbewusst, tot) genannt wird. Aber in der Gegenwart des *Purusha* ist alles anders. Wenn der *Purusha* sich dem Stoff »naht«, dann geht in dieser Materie ein Wandel vor sich, aber kein äußerlicher, sondern ein innerer. »Der

Purusha wirkt auf *Prakriti* durch seine Nähe ein«, sagt Vyasa. »Er kommt der *Prakriti* nahe, und sie beginnt zu leben.« Dieses Nahekommen ist nur ein bildlicher Ausdruck, ein Metapher, eine Anpassung an unsere Vorstellung von Zeit und Raum; denn wir können nicht von Nähe sprechen bei etwas, was zeit- und raumlos ist wie der Geist. Mit dem Wort Annäherung soll vielmehr ein Einfluss bezeichnet werden, den der *Purusha* auf die *Prakriti* ausübt. Dieser würde dann, wenn materielle Gegenstände in Betracht kommen, durch deren Annäherung zur Äußerung gelangen oder zutage treten. Wenn ein Magnet einem Stück Eisen nahe gebracht oder ein elektrischer Körper in die Nähe eines unelektrischen Leiters geführt wird, so erfolgt ein gewisser Austausch der Kräfte im weichen Eisen und im elektrischen Leiter, und zwar unter der Form der Ortsbewegung. Durch die Annäherung wird das weiche Eisenstück zum Magneten – in ihm werden ebenfalls magnetische Eigenschaften hervorgerufen, das ursprünglich homogene Stück differenziert sich nach Polen. Es zieht nun Stahl an und lenkt die Galvanometernadel ab. Bei Gegenwart eines positiv geladenen Körpers lagert sich die Elektrizität in einen neutralen (sogenannten »unelektrischen«) Körper um. Die positive Elektrizität in ihm wird abgestoßen, während sich die negative in der Richtung gegen den »elektrisierenden« Körper hin ansammelt. In beiden Fällen ist eine innere Veränderung durch die Nähe eines anderen Objektes erfolgt.

So verhält es sich auch mit *Purusha* und der *Prakriti*. Der *Purusha* tut nichts, aber von ihm geht ein Einfluss aus, ähnlich wie es bei der Magnetnadel geschah. Die drei *Gunas* erfahren unter dem Einfluss des *Purushas* eine wunderbare Verwandlung. Ich weiß nicht, was ich hier für Worte wählen soll, um keine falsche Vorstellung zu erwecken. Man kann nicht sagen, dass die *Prakriti* den Einfluss absorbiert; man kann auch kaum sagen, dass sie den *Purusha* reflektiert. Aber die Gegenwart des *Purushas* ruft gewisse innere Verlagerungen in ihr hervor und erzeugt eine Veränderung im Gleichgewicht der drei *Gunas* in der *Prakriti*. Die drei *Gunas* waren in einem Zustand der Ausgeglichenheit. Keiner trat hervor, weil jeder durch die anderen aufgehoben war. Was ereignet sich aber nun, sobald der

Purusha die *Prakriti* beeinflusst? Das Attribut »Wahrnehmung« des *Purusha* wird vom »Sattva-Guna,« vom Rhythmus, aufgenommen oder reflektiert, um in der *Prakriti* zur Erkenntnis zu werden. Die Eigenschaft, die wir im *Purusha* »Leben« nennen, wird vom *Rajas-Guna*, von der Bewegung, aufgenommen oder refle«ktiert und wird zur Kraft, Energie oder Tätigkeit in der *Prakriti*. Das Attribut, das wir im *Purusha* Unveränderlichkeit nannten, wird vom *Tamas-Guna*, von der Beharrung, empfangen und zeigt sich als Wille oder Begierde in der *Prakriti*. So hat im Zustand der Ausgeglichenheit der ehemaligen *Prakriti* eine Veränderung Platz gegriffen durch die bloße Nähe oder Gegenwart des *Purushas*. Der letztere hat nichts von seinem Wesen eingebüßt, aber gleichzeitig ist in der Materie eine Umwandlung erfolgt. Erkenntnis ist in ihr aufgetaucht, Tätigkeit und Kraft wurden ihr erschlossen, ebenso Wille oder Begierde. Mit dieser Veränderung in der *Prakriti* geht noch eine andere Hand in Hand. Die drei Attribute des *Purushas* können nicht voneinander getrennt werden, ebenso wenig die drei der *Prakriti*. Daher steht der Rhythmus, während er sich die Wahrnehmungsfähigkeit zu eigen macht, unter dem Einfluss des dreieinigen *Purushas* und muss notwendigerweise auch Leben und Beständigkeit in Form von Handlung und Wille aufnehmen. So geschieht es auch mit der Tätigkeit und Beharrlichkeit. In den Verbindungen mag das eine oder andere Element überwiegen: Wir können Verbindungen haben, die vorherrschend Wahrnehmung-Rhythmus oder Leben-Tätigkeit oder Unveränderlichkeit-Beharrung aufweisen. Die Verbindungen, in denen Wahrnehmung-Rhythmus oder Erkenntnis dominiert, bilden den »Geist in der Natur«, das Subjekt oder die subjektive Seite der Natur. Verbindungen, in denen eines der beiden anderen Attribute überwiegt, stellen das Objekt oder die objektive Seite der Natur dar, den »Kraft-Stoff-« (oder den »Energie-Substanz-) Begriff des europäischen Gelehrten.

Wir haben so die Natur in zwei Hälften geteilt, in das Subjekt und in das Objekt. Wir haben nun alles, was in der Natur zur Äußerung der Tätigkeit für die Bildung der Formen und zum Ausdruck des Bewusstseins erforderlich ist. Wir haben den Geist, und wir haben Kraft und

Materie. Der *Purusha* hat nichts mehr zu tun. Er hat der *Prakriti* alle Kräfte eingeflößt und sitzt danach abseits, das Widerspiel der Kräfte in ihr betrachtend, selbst aber unverändert bleibend. Das Drama des Daseins wickelt sich innerhalb der Materie ab, und alles, was der Geist dabei tut, ist zusehen. Der *Purusha* ist ein Zuschauer, vor dem sich das Drama entrollt. Er ist also nicht Schauspieler, sondern nur Zuschauer der Handlung. Akteur ist die subjektive Seite der Natur, der Geist, der die Spiegelung des Wahrgenommenen in rhythmischer Materie ist. Der Stoff, in dem er wirkt, ist die objektive Seite der Natur, der Reflex der anderen Attribute des *Purushas* (Leben und Unveränderlichkeit), in den *Gunas Rajas* und *Tamas*. So haben wir in der Natur alles, was zur Schaffung eines Universums nötig ist. Der *Purusha* sieht nur zu, während das Stück sich vor ihm abspielt. Er ist nur Zuschauer, nicht Schauspieler; das ist die Grundstimmung der Bhagavad-Gita. Die Natur tut alles. Die *Gunas* bringen das Universum hervor. Der Mensch, der sagt: »Ich handele«, unterliegt einem Irrtum. Die *Gunas* schaffen, nicht er. Er ist nur der Zuschauer und sieht die Dinge vor sich geschehen. Die meisten Lehren der Gita sind auf dieser Idee des *Sankhya* aufgebaut, und solange wir dies nicht klar erfasst haben, können wir nie den Unterschied der Bedeutungen verstehen, die den Redewendungen der verschiedenen philosophischen Richtungen zugrunde liegen.

Wir gehen nun auf die Lehren des *Vedanta* ein. Nach der Auffassung des *Vedanta* ist das Selbst Eines, allgegenwärtig, alles durchdringend, die Eine Wirklichkeit. Nichts existiert außerhalb des Selbst; das ist der Ausgangspunkt des *Vedanta*. Alldurchdringend, alles beherrschend, allbeseelend, ist das Selbst überall gegenwärtig. Wie der Äther alle Materie durchdringt, so durchdringt das eine Selbst alles, es erhaltend, unterhaltend und belebend. Es steht in der Gita geschrieben: Wie die Luft überall ist, so ist das Selbst überall vorhanden in der unendlichen Verschiedenheit der Gegenstände. Wenn wir die Grundlinien des *Vedanta* verfolgen, wenn wir die Idee des Einen Universalen Selbst zu begreifen uns bemühen, das zugleich *Sat-Chit-Ananda* (Sein, Bewusstsein und Glückseligkeit) ist, dann werden wir fühlen, dass wir in einer höheren Region der Philosophie weilen als der des *Sankhya*. Das Selbst ist Eines. Das Selbst ist überall bewusst, es ist überall gegenwärtig, es ist überall voll Wonne. Es gibt keine Trennung zwischen diesen Eigenschaften des Selbst. Überall, allumfassend, in jedem Punkt anwesend sind diese Eigenschaften. Es gibt keine Stelle, wohin man den Finger legen und sagen könnte: Das Selbst ist nicht hier. Wo das Selbst ist – und es ist überall –, ist auch Sein, Bewusstsein und Glückseligkeit. Das Selbst, das Bewusstsein, sinnt auf Beschränkung und Teilung. Aus dieser Vorstellung der Beschränkung entspringt die Form, die Mannigfaltigkeit und Vielheit – aus dem Gedanken der Begrenzung, die das Selbst sich auferlegt, um sich zu beschränken. »*Ekoham, bahu syama*« – »Ich bin Eines; ich will Viele werden« – »Lass mich Viele sein« – ist der Gedanke des Einen. Durch diesen Gedanken tritt das vielfältige Universum ins Dasein. In dieser Begrenzung, selbst geschaffen, ist Er bewusst und glückselig. In ihm entspringt der Gedanke, dass Er Selbst-Sein ist, und siehe, alles Dasein wird zur Möglichkeit. Da in ihm der Wille zur Offenbarung liegt, so tritt sofort das ganze geoffenbarte Universum in Erscheinung, es wird manifest. Da in ihm alles Wonne ist, ist es das Gesetz des Lebens und das Streben nach Glück. Das Suchen danach ist das tiefste Wesen jeder fühlenden Kreatur. Das Universum tritt durch die Selbstbegrenzung in den Gedanken des Selbst in Erscheinung. In dem Augenblick, wo das Selbst aufhört, es zu denken, hört das Universum auf, zu sein: Es vergeht wie ein Traumgebilde. Das ist die Grundidee des *Vedanta. Er* nimmt also auch die Geister des *Sankhya*, die *Purushas*, an, aber er lässt diese Geister auch nur Spiegelungen des einen Selbst sein, ausgesandt (emaniert) von der Tätigkeit des Selbst. Sie wiederholen alle das Selbst im Kleinen, sagt der *Vedanta*, sie sind sein Ebenbild, mit den Begrenzungen, welche das universelle Selbst ihnen auferlegt hat. Sie sind scheinbar Teile des Universums, aber in Wahrheit identisch mit ihm. Es ist das Spiel des höchsten Selbst, welches diese Begrenzungen bewirkt, und so werden innerhalb gewisser Schranken die Eigenschaften des Selbst nachgebildet. Das Bewusstsein des großen Selbst wird im geteilten Selbst Erkenntnis, die Kraft des Wissens.

Das Dasein des Selbst wird zur Tätigkeit, der Kraft des Offenbarens. Die Wonne des Selbst wird Wille, das Tiefste von allen, das Verlangen nach Glück, nach Seligkeit. Der Entschluss, diese zu erlangen, ist das, was wir Wille nennen. So sind im Begrenzten die Kraft zu wissen, zu wollen und zu handeln die Spiegelungen der Wesenseigenschaften des universellen Selbst im individuellen Selbst.

Anders ausgedrückt: Das, was universelle Wahrnehmung war, wird jetzt Erkenntnis im Einzelselbst. Was im universellen Selbst Wahrnehmung seiner selbst war, wird im begrenzten Selbst Wahrnehmung von anderen Selbsten. Die Wahrnehmungen des Ganzen werden für das Individuum Erkenntnis. So verhält es sich auch mit dem Dasein des Selbst: Das Selbst-Sein des universellen Selbst wird in dem begrenzten Selbst Tätigkeit und Selbsterhaltung. Letztlich wird die Wonne des universellen Selbst in der begrenzten Äußerung des individuellen Selbst zum Willen, der nach Glückseligkeit strebt, zur Selbstbestimmung des Selbst, zum Suchen nach der Selbstverwirklichung, jenem tiefsten Wesen der Menschennatur.

Der Unterschied entsteht durch die Begrenzung, durch die Beschränkung der universellen Eigenschaften auf die besonderen Eigenschaften des begrenzten Selbst. Beide sind sich wesensgleich, obschon anscheinend verschieden in ihrer Manifestation. Wir haben die Kraft zu wissen, zu wollen und zu handeln. Dies sind die drei großen Kräfte des Selbst, die sich in dem getrennten Selbst kundgeben, sich unter jeder Abstufung der Formen äußern, von der kleinsten Urzelle bis zum erhabensten Logos.

Weiter ist es gerade so wie im *Sankhya*: Wenn der *Purusha*, das gesonderte Selbst, sich mit der Materie identifiziert, in der er sich spiegelt, dann herrscht Täuschung und Gebundenheit. So ist es auch im *Vedanta*: Falls das Selbst, das ewig freie, sich einbildet, durch die Materie gebunden zu sein, indem es sich mit deren Beschränkungen identifiziert, dann fällt es der Täuschung anheim, dann erliegt es der Herrschaft der *Maya*. *Maya* ist die Identifizierung des Selbst mit seinen Schranken. Das ewig Freie kann nie durch Materie gebunden werden; das ewig Reine kann nie durch Stoffliches beschmutzt werden; das ewig Wissende kann nie durch die Hüllen betört werden; das ewig Selbstbestimmte kann nie durch das Materielle beherrscht werden, es sei denn aus eigener Schuld. Sein eigener törichter Wahn beschränkt die ihm innewohnenden Kräfte. Es wird gebunden, weil es sich gebunden wähnt. Es ist unrein, wenn es sich unrein denkt. Es ist unwissend, wenn es sich unwissend glaubt. Mit dem Verschwinden der Täuschung sieht es, dass es ewig rein, ewig frei und ewig weise ist.

Hier liegt der große Unterschied zwischen *Sankhya* und *Vedanta*. Dem *Sankhya* gemäß ist der *Purusha* immer nur der Zuschauer, nie der Handelnde. Nach dem *Vedanta* ist das Selbst der einzig Handelnde, alles andere *Maya*. Die Upanishaden sagen: »Das Selbst wollte sehen, und die Augen waren da; das Selbst wollte hören, und die Ohren waren da; das Selbst wollte denken, und der Geist (*Manas*) war da.« Die Augen, die Ohren und der Denker existieren, weil das Selbst sie ins Dasein gewünscht hat. Das Selbst eignet sich Materie an, damit es seine Kräfte durch sie offenbaren kann. Hieraus entspringt die Abweichung zwischen *Sankhya* und *Vedanta*. Im *Sankhya* ist es die Nähe des *Purusha*, die in der Materie (*Prakriti*) alle jene

Eigenschaften hervorbringt; die *Prakriti* handelt, nicht der *Purusha*. Im Vedanta existiert überhaupt nur das Selbst, und das Selbst allein handelt. Es stellt sich seine Beschränkung vor, und der Stoff tritt in Erscheinung. Es macht sich diese Materie zu eigen, damit es seine eigenen Fähigkeiten offenbaren kann.

Der *Sankhya* ist die Ansicht vom Universum, wie sie der Wissenschaftler vertritt. Der *Vedanta* ist die Auffassung des Metaphysikers. Haeckel hat ganz unbewusst *Sankhya*-Gedanken entwickelt. Seine Ausführungen kommen dem *Sankhya* so nahe, dass ein weiterer Zusatz sie gänzlich mit ihm identisch machen würde. Er hat bloß nicht jene »Nähe des Geistes« angenommen wie die Dualität im *Sankhya*. Er hat Kraft und Stoff, und die Materie ist beseelt (Energie-Substanz); aber er hat noch keinen selbstständigen *Purusha*. Sein letztes Werk, das Sir Oliver Lodge besprochen hat, ist vollständig verständlich vom Standpunkt des Hindus, da es eine fast genaue Darstellung des *Sankhya*-Systems ist. Es ist die Auffassung des Wissenschaftlers, der für das Warum der Tatsachen, die er vorführt, selbst gleichgültig bleibt. Der *Vedanta*, wie gesagt, ist die Auffassung des Metaphysikers, der nach der Einheit sucht, in welcher alle Verschiedenheiten wurzeln und in welche sie sich wieder auflösen.

Welches Licht wirft nun die Theosophie auf diese beiden Systeme? Wie gewöhnlich setzt sie uns in die Lage, da sie uns die Tatsachen des Universums gibt, die Fragmente der Wahrheit, welche in den scheinbar widersprechenden Lehren enthalten sind, zu einem rationalen Ganzen zu vereinigen. Die Theosophie lehrt ebenso wie der *Vedanta* das universale Selbst, und alles, was der *Vedanta* über das universale Selbst und dessen Selbstbeschränkung vorträgt, wird von der Theosophie bestätigt. Der Theosoph nennt diese durch sich selbst beschränkten Selbste Monaden, und wir sagen mit den *Vedanta*-Anhängern, dass diese Monaden das Wesen des universellen Selbst, dessen Teile sie sind, nachbilden. Darum findet man in ihnen die drei Eigenschaften, die dem Höchsten zu eigen sind. Sie sind die Einheiten, und sie stellen den *Purusha* des *Sankhya* dar, aber mit einem sehr großen Unterschied: Sie sind nämlich nicht untätige Beobachter, sondern tätige, handelnde Personen im Drama des

Universums. Allerdings sind sie, da sie über dem fünffachen Universum stehen, gleichzeitig wie Zuschauer bei einem Spiel, die selbst die Fäden der Marionetten ziehen. Die Monade nimmt aus dem Meer der Materie Atome an sich, welche jene Eigenschaften aufweisen, die ihren drei Attributen entsprechen, und in diesen denkt, will und handelt sie. Sie zieht rhythmisch angeordnete Atomgruppen an sich und entfaltet an ihnen ihre Erkenntniskräfte. Sie zieht Gruppen an sich, die Beweglichkeit besitzen, und durch diese äußert sie ihre Tätigkeit. Sie zieht schließlich Atome an sich, die beharrend sind, und entfaltet an ihnen das Attribut der Wonne, den Willen zum Glück. Nun sei auf die Unterschiede in der ganzen Rede- und Denkweise aufmerksam gemacht: Im *Sankhya* verwandelt sich die Materie, um den Geist widerzuspiegeln, während sich in Wirklichkeit der Geist Teile der Materie aneignet und durch diese seine eigenen Attribute ausdrückt – ein bedeutender Unterschied. Der Geist schafft einen Akteur zum Ausdruck seiner selbst, und dieser Akteur ist der »spirituelle Mensch« der theosophischen Lehre, die spirituelle Dreiheit, *Atma-*

Buddhi-Manas, auf die wir sogleich wieder zurückkommen werden.

Die Monade bleibt ständig außerhalb des »Universums« und ist in diesem Sinne Zuschauer. Sie weilt jenseits der fünf Ebenen der Materie, jenseits der atmischen oder *Akasha*-Ebene; jenseits der *Buddhi*-Ebene, des Gebietes des *Vayu*; jenseits der Mental-Ebene, der Sphäre des *Agni*; jenseits der astralen oder *Varuna*-Ebene und schließlich jenseits der physischen oder *Kubera*-Ebene. Über allen diesen Ebenen steht die Monade, selbstbewusst und selbstbestimmt. Sie thront in unwandelbarem Frieden und lebt ewig. Aber, wie früher gesagt, sie eignet sich Materie an. Sie zieht ein Atom der atmischen Ebene an sich, und in diesem verkörpert sie sozusagen ihren Willen, so dass es zu dem Atma unseres Organismus[4] wird. Sie zieht weiter ein Atom der buddhischen Ebene an sich und spiegelt in diesem ihre Erkenntnisseite wider, und diese wird *Buddhi*. Sie eignet sich weiter ein Atom der manasischen Ebene an, verkör-

---

4 Unter Organismus muss hier natürlich der gesamte Mensch (der sinnliche und übersinnliche) verstanden werden, nicht, wie gewöhnlich in der Medizin, das System unseres physischen Leibes allein (Feerhow).

pert darin ihre Tätigkeit, und es wird *Manas*. So kommen wir zum *Atma-Buddhi-Manas*-Prinzip. Diese Dreiheit ist im fünffachen Universum die Widerspiegelung der Monade jenseits dieser fünf Ebenen. Das sind die Naturtatsachen, und die Ausdrücke der Theosophie können leicht mit den Bezeichnungsweisen der anderen Schulen vereinigt werden. Die Monade der Theosophie ist der *Jivatma* der indischen Philosophie, der *Purusha* des *Sankhya* und das individualisierte Teil-Selbst des *Vedanta*. Die dreifache Manifestation *Atma-Buddhi-Manas* ist das Ergebnis aus der Nähe des *Purushas* zur *Prakriti*. Sie ist dasselbe wie das Subjekt der *Sankhya*-Philosophie und wie das, was der *Vedanta* als das Selbst unter der Verkörperung seiner höchsten Hüllen bezeichnet. In dem einen Fall spricht man von dem Selbst und seinen Hüllen, in dem anderen Fall von dem Subjekt, als Reflexion des *Purushas* in der Materie betrachtet. Es ist also leicht ersichtlich, dass es sich um dieselben Tatsachen handelt, die aber von verschiedenen Seiten her ins Auge gefasst werden. Wir stehen dem *Vedanta* näher als dem *Sankhya*; aber wenn man die Tatsachen kennt, kann man die verschiedenen Auffassungen der beiden Philosophien jede an ihre richtige Stelle einreihen, ohne sich von der abweichenden Darstellung verwirren zu lassen. Ist man im Besitz der objektiven Tatsachen, dann werden alle Theorien durchsichtig. Darin liegt der Wert der theosophischen Lehre. Sie vermittelt uns die Tatsachen und überlässt es uns, die Philosophien zu studieren. Man erforscht sie dann mit einer Fackel des Wissens bewaffnet, nicht mehr im Dunkel tastend.

Wenn wir nun das Wesen des spirituellen Menschen, der Triade, erfasst haben, was finden wir in Bezug auf alle Bewusstseinsäußerungen? Wir erkennen, dass sie alle Duaden sind, Geist-Materie überall, auf jeder Ebene des fünffältigen Universums. Vom Gesichtspunkt des Wissenschaftlers aus nennen wir es vielleicht durchgeistigte Materie. Als Metaphysiker nennen wir es substanzialisierten Geist. Beide Ausdrucksweisen sind gleich richtig, solange man sich vor Augen hält, dass beides in jeder Manifestation anwesend ist, und das, was man sieht, nicht allein das Spiel der Materie ist, sondern das der Geist-Materie, einer unzertrennlichen Einheit für die ganze Dauer dieser Manifestationsperiode.

Wenn man demnach bei der Lektüre eines der uralten Bücher auf die Behauptung stößt: »Der Geist ist materiell«, wird man dadurch nicht verwirrt. Man wird verstehen, dass der Autor nur im Sinn des *Sankhya* sich ausdrückt und von der allgegenwärtigen Materie spricht, aber stets unter der Voraussetzung, dass der Geist nur Zuschauer ist und seine Gegenwart die Tätigkeit der Materie ermöglicht. Man wird dann nicht, wenn man dieser oft in der indischen Philosophie auftauchenden Aussage begegnet, dass der Geist materiell ist, sie mit der entgegengesetzten Lehre des Materialisten verwechseln, die besagt, dass der Geist eine Absonderung der Gehirnmaterie ist – was etwas ganz anderes bedeutet. Wenn sich also auch der *Sankhya*-Philosoph materialistisch klingender Ausdrücke bedienen mag, so setzt er doch stets den beseelenden Einfluss des Geistigen voraus, während der Materialist den Geist zu einem Produkt der Materie macht. In Wirklichkeit trennt beide eine tiefe Kluft, so ähnlich die Sprache, die sie führen, auch oft sein mag.

DER GEIST

»Yoga ist die Aufhebung der Tätigkeit des Geistes«, sagt Patanjali. Die Tätigkeiten des Geistes müssen zum Stillstand gebracht werden. Damit wir richtig verstehen können, was das bedeutet, müssen wir näher untersuchen, was die indische Philosophie hier mit dem Wort *Geist* meint.

Der Geist, in dem weiteren Sinn des Wortes, hat drei Hauptattribute: Erkenntnis, Wunsch oder Wille und Tätigkeit. Nun befasst sich der Yoga nicht unmittelbar mit allen diesen dreien, sondern nur mit einem – der Erkenntnis oder dem, was der *Sankhya* das Subjekt nennt. Aber man kann das Erkenntnisprinzip, wie wir sahen, nicht vollständig von den anderen beiden trennen. Das Bewusstsein ist eine Einheit, und obgleich wir es in diesem Fall nur mit jenem Teil des Bewusstseins zu tun haben, den wir speziell Erkenntnis nennen, finden wir doch nirgends die Erkenntnis allein. Daher teilt es der indische Psychologe, indem er dieses Attribut der Erkenntnis untersucht, in drei Teile – oder nach dem *Vedanta* in vier. (In aller Bescheidenheit möchte ich hier bemerken, dass der *Vedanta* damit im Unrecht ist.) Wenn man ein *Vedanta*-Werk zur Hand nimmt und darin über den Geist liest, trifft man auf ein besonderes Wort, welches für ihn gebraucht wird. Es bedeutet wörtlich: »Das innere Organ.« Dieses Wort »Antahkarana« wird immer dort benützt, wo der Europäer den Ausdruck »Geist« anwenden würde; aber es wird immer nur in Bezug auf Erkenntnis, nie in Bezug auf Tätigkeit oder Begierde (Wille) verwendet. Man spricht von ihm als vierfach, zusammengesetzt aus *Manas, Buddhi, Ahamkara* und *Chitta*. Aber diese vierfache Einteilung ist eine eigentümliche Sache. Wir wissen, was *Manas, Buddhi* und *Ahamkara* ist; aber was bedeutet das *Chitta*? Was ist *Chitta* neben *Buddhi*, *Manas* und *Ahamkara*? Man befrage irgendjemanden und achte auf seine Antwort; man wird finden, dass sie recht verschwommen klingt. Versuchen wir einmal, es selbst zu analysieren und zu sehen, ob nicht ein Licht darauf geworfen wird, wenn man den theosophischen Gedanken der Dreiheit mit einem vierten Begriff erweitert. Dieses Vierte ist dann nichts Wirkliches, Selbstständiges, sondern stellt bloß die Gesamtheit aller anderen drei dar. *Manas*, *Buddhi* und *Ahamkara* bilden die drei Seiten eines Dreiecks, das *Chitta* genannt wird. *Chitta* ist demnach nur der Inbegriff der drei anderen Begriffe. Das ist der alte Gedanke der Dreiheit in einer Einheit. Immer wieder bedient sich H. P. Blavatsky dieser Zusammenfassung der Dreiheit unter einer Einheit, denn sie folgt der alten Tradition. Das Vierte, welches die drei anderen in sich begreift, aber nichts anderes ist als sie, macht eine Einheit aus der scheinbaren Mehrheit. Dies wollen wir nun auf das *Antahkarana* anwenden.

Nehmen wir die Erkenntnis: Es ist zwar in der Erkenntnis jenes Attribut vorherrschend, kann aber nie allein vorkommen. Das ganze Selbst ist in jedem Erkenntnisakt anwesend, und so ist es auch bei den anderen beiden Attributen. Keines kann getrennt von den übrigen bleiben, sondern wo immer Erkenntnis auftritt, sind die beiden anderen Attribute auch anwesend, wenn auch immer ihr untergeordnet: Tätigkeit ebenso wie Wille. Stellen wir uns die Erkenntnis so rein wie nur möglich vor, auf sich selbst gerichtet, sich selbst bespiegelnd, dann haben wir *Buddhi*, die reine Vernunft, die Essenz des Erkennens. Im Universum wird diese Kraft durch »Vishnu« dargestellt, die erhaltende Weisheit des Universums.

Nun nehmen wir die Erkenntnis, die nach außen gerichtet ist und sich im Attribut der Tätigkeit, ihrem Bruderattribut, spiegelt. Dann haben wir eine Mischung aus Erkenntnis und Tätigkeit, die *Manas* genannt wird, der tätige Geist. Die Erkenntnis, reflektiert unter der Form von Tätigkeit, ist das *Manas* im Menschen, oder im Universum *Brahma*, der schöpferische Geist. Wenn sich Erkenntnis ähnlich im Willen widerspiegelt, dann wird sie zum *Ahamkara*, der »Ich-bin-ich«-Empfindung im Menschen, die im Universum unter dem Bild des *Mahadeva* dargestellt ist. So haben wir also innerhalb der Grenzen dieser Erkenntnis eine Dreiteilung gefunden, die das »innere Organ« (*Antahkarana*) ausmacht – nämlich *Manas, Buddhi* und *Ahamkara* zusammen. Aber wir finden kein Viertes. Was ist also *Chitta*? Die Zusammenfassung aller drei, ihre Summe, die drei als ein Ganzes. Die Einteilung des *Antahkarana* in vier ist also nur darauf zurückzuführen, dass man nach dem alten Gebrauch vorgeht.

DER MENTALKÖRPER

Wir haben uns nun mit dem Mentalkörper zu beschäftigen, der für praktische Zwecke als gleichbedeutend mit »Geist« aufgefasst wird. Die erste Aufgabe für den praktischen Yogi ist die, sich von seinem Mentalkörper zu lösen und sich von ihm in die nächst höhere Hülle zurückzuziehen. Im Yoga besteht das Selbst stets aus dem Bewusstsein inklusive des Trägers, von dem das Bewusstsein unfähig ist, sich zu trennen. Alles über dem Körper, dessen man sich im Bewusstsein nicht entäußern kann, gehört praktisch zum Bestand des Selbst, und unser erstes Bestreben muss dahin gehen, uns vom Mentalkörper zu abstrahieren. Unter diesen Umständen muss *Manas* mit dem Selbst der spirituellen Triade identifiziert und *Atma-Buddhi-Manas* als getrennt vom Gedankenkörper erfasst werden. Dies ist der erste Schritt. Wir müssen fähig werden, unseren Geist (Denker) aufzunehmen und abzulegen wie ein Werkzeug, ehe man im weiteren Fortschritt die Hüllen des

Selbst ablegen kann. Darum nimmt man den Mentalkörper zum Ausgangspunkt. Man muss lernen, die Gedanken zum Stillstand zu bringen.

Welches ist nun der gewöhnliche Zustand des Gedankenkörpers? Wenn man auf ihn von einer höheren Ebene aus herabblickt, sieht man in ihm einen fortwährenden Wechsel von Farben. Man merkt, dass sie manchmal aus dem Inneren entspringen, manchmal von außen kommen. Mitunter hat eine äußerlich verursachte Schwingung eine Veränderung des Bewusstseinszustandes im Gefolge und damit auch einen entsprechenden Farbenwechsel im Mentalkörper. Wenn im Bewusstsein irgendeine Veränderung stattfindet, wird in der Materie, die der Funktion der Bewusstseinstätigkeit dient, eine bestimmte Vibration erzeugt. Der Mentalkörper ist ein Träger, in dem ständig Schwankungen in der Schattierung und in den Farbtönen auftreten. Er ist nie in völliger Ruhe. In jedem Punkt wechseln seine Farben mit großer Geschwindigkeit. Der Yoga erfordert die Einstellung aller dieser Bewegungen, die Aufhebung aller Schwankungen und Veränderungen. Mit dem Aufhören dieses Wechselspieles stockt auch die Schwingung im Gedankenkörper. Umgekehrt wird durch die Beendigung des Vibrationszustandes im Mental jede Veränderung des Bewusstseins eingestellt. Im Mental eines Meisters geschieht kein Farbenwechsel, der nicht aus dem Inneren seinen Ursprung nähme. Kein äußerer Reiz vermag ihm eine Antwort zu entlocken oder irgendeine Schwingung als Reaktion in diesem vollkommen beherrschten Gedankenkörper zu erregen. Die Färbung des Mentalkörpers eines Meisters ließe sich in etwa vergleichen mit dem Spiel der Mondlichtstrahlen auf einem leise bewegten Ozean. In dieser opaleszierenden Weiße des mondlichtartigen Glanzes liegen alle Farbmöglichkeiten. Aber nichts in der Außenwelt ist imstande, nur um die geringste Nuance sein stetiges Leuchten zu beeinflussen. Wenn in ihm eine Bewusstseinsänderung erfolgt, dann ruft sie eine Welle von zarten Schattierungen hervor, die sich über den Mentalkörper verbreiten. Dieser antwortet mit seinem Farbenspiel einzig auf Zustandsänderungen im Inneren und reagiert nie auf solche, die von außen an ihn herankommen. Sein Mentalkörper ist nie sein Selbst, sondern bloß sein Werkzeug oder Instrument, welches er seinem Willen gemäß aufnehmen und ablegen kann. Der Gedankenkörper ist eine äußere Hülle, die der Meister einsetzt, wenn er mit der niedrigeren Welt in Verbindung zu treten wünscht.

Dieser Vorgang der Einstellung jeglichen Farbenwechsels im Mentalkörper kann uns zum Verständnis verhelfen, was mit jener »Aufhebung« gemeint ist. Im Yoga werden die Tätigkeitszustände des Geistes aufgehoben. Man muss mit seinem Mentalkörper beginnen. Man muss lernen, alle Vibrationen und Schwingungszustände zum Stillstand zu bringen und den Mentalkörper farblos zu machen, bewegungslos sowie unempfänglich für alle Anstöße außer jenen, welche man ihm selbst zu geben beabsichtigt.

GEIST UND SELBST

Man kann sich nicht wundern, wenn ein Schüler, der von dieser fortschreitenden Selbstentäußerung der menschlichen Tätigkeiten hört, betroffen fragt: »Was wird dann aus dem Geist selbst? Wenn alle Funktionen aufgehoben sind, was bleibt da schließlich übrig?«

Bei der indischen Unterrichtsweise ist es Brauch, dass der Schüler, wenn ihm eine Schwierigkeit aufstößt, einfach aufsteht und eine Frage stellt. Darum erfinden die Kommentare selbst diese Fragen, wo es sich um eine schwierige Stelle handelt. Patanjali antwortet auf die obige Frage: »Dann bleibt der Zuschauer in seiner eigenen Form zurück.« Die Theosophie antwortet: »Die Monade bleibt zurück.« Es ist das Ende der menschlichen Pilgerfahrt, der höchste Punkt, den die Menschheit erklimmen kann: Alle Spiegelungen im fünffachen Universum, durch welche die Monade ihre Kräfte entfaltet hat, zurückzuziehen, damit die Monade sich selbst erkennt, bereichert mit den Erfahrungen, welche ihre manifestierten Formen durchlaufen haben.

Aber für den *Sankhya*-Philosophen ist die Schwierigkeit eine große; denn wenn bloß sein Zuschauer zurückbleibt und das Schauspiel beendigt ist, so hört das Zuschauen doch eigentlich von selbst auf. So war es die Funktion des *Purushas*, dem Spiel des Geistes in der Materie zuzuschauen. Nun ist es vorbei mit seiner früheren Beschäftigung – was bleibt nach der Beendigung des Spieles zurück? Er kann doch nicht länger Zuschauer sein, wenn es nichts mehr zu sehen gibt. Es gibt nur eine Antwort darauf: Er verharrt in seiner eigenen Form. Er steht jetzt außerhalb der Manifestation, er hat die Zweiheit hinter sich, und so sinkt der Geist in den Zustand der Latenz zurück, nicht länger fähig zu einer Offenbarung. Hier kommen wir zu einer großen Kluft gegenüber den Tatsachen des Universums, denn diesen gemäß ist die Monade Herrscherin über die Materie, nachdem alle jene Tätigkeiten überwunden sind. Die Monade ist dann für einen neuen Entwicklungszyklus reif, in dem sie nicht länger die Rolle eines Sklaven, sondern die eines Herrschers spielt.

Alle Analogien weisen darauf hin, dass das Selbst in dem Maß, als es sich von Hülle zu Hülle zurückzieht, dabei nicht verliert, sondern vielmehr an Selbstverwirklichung gewinnt. Seine Selbsterkenntnis wird lebendiger und lebendiger mit jeder neuen Verinnerlichung. Indem das Selbst so einen Schleier der Materie nach dem anderen abwirft, erkennt es in jedem der Körper der Reihe nach, dass dieser nicht es selbst ist. Durch diesen Prozess des ständigen Sich-nach-innen-Kehrens wird demnach seine Selbsterkenntnis nicht geschwächt, sondern gestärkt. Es ist wichtig, diese Tatsache eigens zu betonen, und zwar aus folgendem Grund: Häufig pflegen abendländische Leser, die sich mit orientalischen Studien befassen, den Sinn dieses Zustandes der Befreiung oder das Wesen des »Nirvana« gänzlich misszuverstehen, indem sie es mit dem Nichts oder mit der Unbewusstheit identifizieren. Dies ist ein absolutes Missverständnis, das geeignet wäre, ihren ganzen Gedankengang zu trüben, wenn sie sich mit Yoga-Übungen befassen. Man vergegenwärtige sich die Lage eines Menschen, der sich so vollständig mit seinem Körper identifiziert, dass er sich nicht einmal in Gedanken von ihm loslösen kann. Vergleichen wir diesen sehr unentwickelten Menschen dann mit der Energie, Frische und Klarheit unseres eigenen Mentalbewusstseins.

Das Bewusstsein jener jungen Wesenheit, das völlig auf den physischen Körper beschränkt ist, mit nur gelegentlichen Funken eines Traumbewusstseins, ist sehr eng in ihrem Gesichtskreis. Sie ahnt nicht einmal die Fassungsweite unserer Bewusstseinstätigkeit oder unseres abstrakten Denkens. Aber ist dieses Bewusstsein ein lebendigeres oder ein weniger lebendiges als das unsrige? Sicherlich werden Sie sagen - ein weniger lebendiges. Wir haben seine Bewusstseinsfähigkeiten weit überschritten. Unser Bewusstsein ist schon mehr astral als physisch und hat dabei an Lebhaftigkeit zugenommen. Zugleich mit dem ständigen Zurückziehen des Selbst in sich selbst erkennt es sich immer mehr und nicht immer weniger. Die Selbsterkenntnis wird umso größer, je mehr Hüllen das Selbst abstreift. Das Zentrum wird umso kräftiger, je durchlässiger die Peripherie wird. Schließlich ist ein Zustand erreicht, wo der Mittelpunkt jedes Punktes der Oberfläche bewusst ist. Ist das geschehen, dann verschwindet die Oberfläche, nicht aber der Mittelpunkt. Dieser letztere bleibt bestehen, und ebenso wie wir bewusster sind als jenes unreife Wesen und ein lebendigeres, schärferes Bewusstsein haben – ähnlich wird es im entsprechenden Verhältnis, wenn wir Hülle um Hülle ablegen. Wir werden uns in höherem Grad unseres Daseins, unserer Erkenntnis und unserer Selbstbestimmungskraft bewusst. Die Fähigkeiten des Selbst treten umso mehr zutage, je mehr Schleier fallen. So muss also, sobald wir bei der Monade angelangt sind, unser Bewusstsein voller, mächtiger, lebendiger und vollkommener sein. Je wirklicher wir zu leben beginnen, umso mehr wachsen unsere Kräfte und Fähigkeiten. Haben wir den Mentalkörper gemeistert, so erheben wir uns ebenso über den Kausalkörper, nach diesem schreiten wir zur Bezwingung des *Buddhi*-Prinzipes.

Man muss sich klar werden, dass alle Beherrschung sich nur über die Hüllen erstreckt, auf Teile des Nicht-Selbst. Man beherrscht nicht sein Selbst, das ist ein Irrtum. Beherrscht wird nur das Nicht-Selbst, das Selbst ist der unsterbliche innerliche Regent; es ist der Wächter, nicht der Bewachte. Wenn Hülle um Hülle dem Selbst untertan und Körper um Körper sein Werkzeug wird, dann können wir die Wahrheit der Upanishaden erfassen, dass »wir« das Selbst sind, der wahre innere Herrscher, das Unsterbliche.

Teil III

YOGA ALS WISSENSCHAFT

Wir wollen uns jetzt mit den zwei großen Yoga-Systemen beschäftigen, von denen das eine das Selbst, das andere das Nicht-Selbst zum Gegenstand hat. Bevor ich damit beginne, lassen Sie mich Ihnen in Erinnerung rufen, dass wir es diesmal nur mit dem Yoga als Wissenschaft zu tun haben, und nicht mit den anderen Wegen zur Vereinigung mit der Gottheit. Die wissenschaftliche Methode nach der Auffassung der alten Inder ist es, auf welche ich Ihre Aufmerksamkeit lenken möchte. Ich muss aber darauf hinweisen, dass daneben auch noch die zwei anderen großen philosophischen Systeme des Bhakti- und Karma-Yoga existieren und jedes seine besondere Bedeutung hat. Die Yoga-Richtung, welche wir behandeln wollen, ist der Jnana-Marga, der Pfad der Erkenntnis und des Wissens. Wir finden hier wiederum dieselbe Dreiteilung wie überall in der Natur.

DIE METHODEN DES YOGA

Betreffs dessen, was ich soeben die zwei großen Methoden des Yoga genannt habe, finden wir, dass der Mensch bei der einen den Pfad der Erkenntnis mittels *Buddhi*, der reinen Vernunft, durchschreitet, der andere denselben Weg mittels *Manas*, des konkreten Verstandes, zurücklegt. Sie werden sich erinnern, dass ich bei der Erklärung des *Antahkarana* ausführte, dass wir darunter einen Vorgang der Widerspiegelung jeder Qualität in den anderen zu verstehen haben. Innerhalb der Grenzen des Gesamtgeschehens zeigt sich nun *Buddhi* als Erkenntnis reflektiert im Erkenntnisprinzip; *Ahamkara* als Erkenntnis im Willen reflektiert; und *Manas* als Erkenntnis im Tätigkeitsprinzip. Wenn man diese drei Unterabteilungen festhält, ist es natürlich, dass jene zwei Yoga-Methoden, welche wir erwähnten, unter zwei dieser Abteilungen fallen. Aber was ist mit der dritten? Was ist mit dem Willen, von dem das *Ahamkara* der Vertreter im Erkenntnisprinzip ist? Sicherlich hat dieses auch seinen eigenen

Pfad, aber man kann bei ihm kaum von einer besonderen »Methode« sprechen. Der Wille bahnt sich seinen Weg durch den unbeugsamen Entschluss, seinen Blick unverwandt auf das Ziel gerichtet, und ohne Unterschied entweder *Buddhi* oder *Manas* als Mittel zum Zweck benutzend. Die Metaphysik dient dazu, die Selbsterkenntnis zu lehren; die Wissenschaft dazu, das Nicht-Selbst zu erfassen. Aber beide werden aufgenommen oder fallen gelassen, je nachdem ob sie den Ansprüchen des Augenblicks genügen oder nicht. Oft weiß ein Mensch, der hauptsächlich den Weg des Willens geht, nicht, wie er zu einem Gegenstand kommt, auf den er sein Bestreben gerichtet hatte. Er erreicht seinen Zweck, aber wie, bleibt ihm selbst dunkel. Er verlangte einfach danach, und die Natur gab es ihm. Das zeigt sich auch im Yoga beim *Ahamkara*-Menschen, bei der Unterabteilung des Willens im Erkenntnisprinzip. Wie in diesem *Buddhi* und *Manas* untergeordnet sind, so sind auch im *Buddhi*-Menschen *Ahamkara* und *Manas* nicht fehlend, sondern nur untergeordnet, und im *Manas*-Menschen sind auch *Ahamkara* und *Buddhi* anwesend, spielen aber eine Nebenrolle. Sowohl der Metaphysiker als auch der Wissenschaftler müssen durch *Ahamkara* unterstützt werden. Diese Fähigkeit der Selbstbestimmung, jene zielstrebige Konzentration auf einen bestimmten Zweck, ist unerlässlich für den Yoga jeder Richtung. Ob ein Yogi nun den reinen Erkenntnisweg des *Buddhi* einschlägt oder mehr den tätigen Pfad des *Manas* geht, in beiden Fällen ist für ihn der selbstbestimmte Wille nötig, um ihn bei seinem schwierigen Werk aufrechtzuerhalten. Sie erinnern sich des Spruches in den Upanishaden, dass der Schwache nicht das Selbst erreichen kann. Stärke, Entschlossenheit und Ausdauer sind unbedingt nötig, und jeder erfolgreiche Yogi muss jene starke Selbstsicherheit besitzen, welche das wahre Wesen der Individualität ausmacht.

Worin genau bestehen nun diese beiden großen Methoden? Die eine könnte als die Suche des Selbst durch das Selbst beschrieben werden; die andere als die Suche nach dem Selbst durch das Nicht-Selbst. Wenn man sich diese Betrachtungsweise zu eigen macht, dürfte die Sache einsichtiger werden. Jene, welche nach dem Selbst durch das Selbst forschen, suchen es durch das *Buddhi*-Prinzip zu erreichen.

Sie wenden sich stets mehr und mehr ihrem Inneren zu und von der äußeren Welt ab. Jene, welche das Selbst durch das Nicht-Selbst zu erkennen trachten, forschen nach ihm durch das tätig wirkende *Manas*. Sie wenden sich an die Außenwelt und lernen durch das Studium des Nicht-Selbst das Selbst verstehen. Erstere ist der Pfad des Metaphysikers, letztere der des Wissenschaftlers.

DURCH DAS SELBST ZUM SELBST

Wir wollen die beiden Richtungen nun etwas eingehender mit ihren Methoden betrachten. Der Weg, welchen der Metaphysiker einschlägt, ist jener, auf welchem vorrangig die Kräfte von *Buddhi* wirken. Es ist der Pfad des Philosophen, der seinen forschenden Blick nach innen wendet, stets darauf bedacht, das Selbst zu finden, indem er sich in die Tiefen seiner eigenen Natur versenkt. In dieser Zurückgezogenheit fühlt er, dass das Selbst in ihm wohnt, und bemüht sich nun, Hülle um Hülle abzustreifen, und er entschleiert gleichzeitig, indem er diese abwirft, die Glorie seines Selbst. Will er zu dieser gelangen, so muss er dem konkreten Denken entsagen und in den Abstraktionen verweilen. Sein Vorgehen muss in einem strengen, ausdauernden, anhaltenden Nachdenken bestehen. Nichts anderes führt ihn zum Ziel, nur starkes, nachhaltiges Denken, durch das er vom Konkreten weg tief in die abstrakten Regionen des Geistes emporsteigt. Durch fortgesetztes angestrengtes Sinnen, durch welches er sich weiter über die abstrakten Regionen des Geistes hinaus erhebt, gelangt er in die Sphäre von *Buddhi*, wo er die Einheitsempfindung erlebt. Unter tiefem Denken abermals vorwärtsschreitend, bis er aus *Buddhi* in *Atma* eingeht, wird für ihn das Selbst in seinem Glanz erschaubar, nur mehr mit einem Schleier von atmischer Materie umgeben, der *Atma*-Hülle im Universum. Auf diesem schwierigen Pfad muss das Selbst mittels des Selbst gefunden werden.

Ein so angelegter Geist muss das Nicht-Selbst gänzlich außer Acht lassen. Er muss seine Sinne gegen die Außenwelt verschließen; die »Welt« darf ihn nicht länger gefangennehmen. Seine Sinne müssen gegen alle äußeren Eindrücke unzugänglich bleiben. Er muss allen Verlockungen der Materie ein taubes Ohr, ein blindes Auge entgegensetzen. Er muss sich von den verschiedenen Dingen abwenden, welche die Welt des Nicht-Selbst ausmachen.

Abschottung vom allgemeinen Getriebe wird ihm von Nutzen sein, bis er stark genug geworden ist, um sich durch den eigenen Willen von selbst gegen die Wahrnehmung der unwillkommenen äußeren Reize zu verschließen. Die beschaulichen Orden in der römisch-katholischen Kirche bieten ein gutes Milieu für diesen Pfad; denn sie schließen die Einflüsse der Außenwelt so weit als möglich aus. Sie halten sie fern, weil sie ihnen als eine Falle, als eine Versuchung zur Sünde, als ein Hindernis erscheinen. Der Yogi muss seine Gedanken, seine Aufmerksamkeit und sein Interesse einzig auf das Selbst richten und sich von der Außenwelt abwenden. Daher sind für jene, welche diesen Weg beschreiten, die sogenannten *Siddhis*[5] eher Hindernisse statt Fördernisse. Aber jene Behauptung, auf die man oft stößt, dass die Siddhis überhaupt schädlich sind und man ihnen aus dem Weg gehen soll, geht weiter als einige unserer modernen Theosophen sich vorstellen. Sie sagen, dass es nachteilig ist, sich mit den *Siddhis* abzugeben, vergessen aber dabei, dass der Inder, wenn er diese für sich behauptet, auch den Gebrauch der physischen Sinne ausgeschaltet haben will. Er verlangt das Schließen der Augen und Ohren, weil er sie als Hindernis erklärt. Nun fordern manche Theosophen die

5 = Psychische Kräfte. (D. Übers.)

Enthaltung vom Gebrauch der astralen und mentalen Sinne, aber sie wenden sich nicht gleichzeitig gegen den freien Gebrauch der physischen Sinne und lassen sich nicht einfallen, zu behaupten, dass letztere Hindernisse wären. Warum sollten es gerade diese nicht sein? Wo doch die Sinnesorgane in den feineren Formen als Hindernisse angesehen werden, müssten die physischen mit ihren weit gröberen Funktionen noch viel hinderlicher sein! Für den Menschen, der das Selbst durch das Selbst finden will, ist jeder »Sinn« ein Hindernis, und es wäre unlogisch und unbegründet, nur die feineren Sinne zu verschmähen, während die Lockungen und Reizungen der physischen Sinne ganz außer Acht gelassen werden. Sind sie nicht ebensolche Fallstricke wie die psychischen? Kein Mensch, der das Universum richtig erfasst, in dem er sich befindet, wird eine solche Unterscheidung aufstellen. In der Suche des Selbst nach dem Selbst ist alles, was nicht das Selbst ist, ein Hindernis. Unsere Augen und Ohren und alles, was uns mit der Außenwelt in Verbindung setzt, geradeso gut wie die höheren Organe derselben Sinne, die uns mit der feineren Form der Materie (der astralen und mentalen) in Verbindung bringen. Jene übertriebene Furcht vor den *Siddhis* ist nur eine begreifliche, vorübergehende Reaktion, die nicht aus dem Verständnis, sondern aus dem Missverständnis hervorging. Jene, welche die *Siddhis* zurückweisen, sollten sich zu der philosophischen Auffassung des Yogi oder des römisch-katholischen Einsiedlers erheben, von denen alle Sinne und alle Sinnesobjekte als ein Hindernis auf ihrem Weg betrachtet werden. Viele Theosophen in Indien, und noch mehr im Westen, sind der Ansicht, dass auch durch die Schärfe der physischen Sinne und durch die Fähigkeiten des physischen Gehirns viel erreicht werden kann, glauben aber, dass in dem Augenblick, wo die physischen Sinne genug geschärft sind, um zu Astralsinnen zu werden, und die geistigen Fähigkeiten entfaltet genug sind, um in astraler Materie zu arbeiten, ihrer Betätigung Einhalt geboten werden müsste. Das ist keineswegs logisch. Alle Sinne, ob sie nun *Siddhis* heißen oder physische Sinne, werden dem zu Hindernissen, welcher auf der Suche nach dem Selbst den Weg der Abkehr vom Nicht-Selbst geht.

Es ist nötig, dass der Mensch, welcher das Selbst auf dem Weg durch das Selbst sucht, jene Eigenschaft besitzt, welche man als »Glaube« bezeichnet, in dem Sinn, wie ich ihn früher definierte – als die tiefe Überzeugung, welche durch nichts zu erschüttern ist, dass das Selbst in uns eine Gewissheit ist. Das ist die einzige Art von Überzeugung, die ein Glaube genannt zu werden verdient. Dieser aber steht außerhalb der Vernunft, denn durch keinen Denkakt kann er als das Selbst entdeckt oder als wirklich vorhanden erkannt werden. Jede Beweisführung wäre hier zwecklos. Es ist das Zeugnis, welches das Selbst in unserer Brust für seine eigene höchste Wirklichkeit ablegt, jene unerschütterliche Überzeugung (*Shraddha*), die zum Betreten dieses Pfades unerlässlich ist. Sie ist notwendig, weil ohne sie der menschliche Geist versagen, der menschliche Mut verzagen, die menschliche Kraft zusammenbrechen müsste unter den Schwierigkeiten der Suche nach dem Selbst. Nur jene absolute Überzeugung, dass das Selbst ist, kann allein den Pilger in der Dunkelheit, die sich auf ihn herniedersenkt, ermuntern, wenn er jene große Leere durchschreitet, welche sich bei der Abstreifung des niederen Selbst über ihn breitet, bevor er das höhere Leben in sich verwirklicht. Der alles überwindende Glaube ist für den Yogi dieses Pfades dasselbe wie Erfahrung und Erkenntnis für den Yogi des anderen Pfades.

DURCH DAS NICHT-SELBST ZUM SELBST

Wenden wir uns nun zu dem Selbstsucher auf dem Weg durch das Nicht-Selbst. Dies ist der Pfad des Wissenschaftlers, des Menschen, der das konkrete *Manas* benutzt, um das Universum wissenschaftlich zu erfassen. Er sucht das Wirkliche hinter dem Unwirklichen, das Ewige hinter dem Vergänglichen, das Selbst unter den Verschiedenheiten der Formen. Aber wie soll er dies bewerkstelligen? Durch eine genaue, eingehende Prüfung der vergänglichen Formen, unter denen das Selbst sich verhüllt hat. Indem er das Nicht-Selbst um ihn und in ihm erforscht, indem er seine eigene Natur verstehen und begreifen lernt, indem er sie analysiert und dieselben Tatsachen an anderen beobachtet und sich so indirekt selbst kennenlernt – klimmt er langsam empor. Schritt für Schritt, Ebene um Ebene, eine stoffliche Form nach der anderen von sich weisend, da er darin nicht das Selbst findet, das er sucht. Um dazu zu gelangen, die physische Ebene zu beherrschen, bedient er sich der feinsten, schärfsten Sinneskräfte, um sie zunächst aufs Höchste zu vervollkommnen und sich ihrer schließlich (als zum Nicht-Selbst gehörig) wieder zu entledigen. Sie haben ihm Folgendes über die physische Ebene gelehrt: »Das ist nicht mein Selbst, dieses ununterbrochen wechselnde Panorama, diese Unverständlichkeiten, diese verworrenen, schwankenden Erscheinungen – das ist doch der offenkundige Gegensatz zum Ewigen, zur Klarheit und Unwandelbarkeit des Selbst. Das kann nicht mein Selbst sein.« Und so weist er sie regelmäßig von sich.

Er erklimmt die Astralebene, und dort benutzt er die feineren Sinne und durchforscht die Astralwelt, nur um abermals zu finden, dass auch sie wechselt und nicht die Beständigkeit des Selbst besitzt. Nachdem die Astralwelt für ihn überwunden und erledigt ist, schwingt er sich zur Mentalebene empor und macht sich dort daran, die immerwährenden Formen der manasischen Welt zu prüfen, um schließlich auch sie von sich zu weisen, da sie nicht sein Selbst sind. Noch höher emporsteigend auf den Spuren der Form, gelangt er von der Mental- zur *Buddhi*-Ebene, wo das Selbst beginnt, seinen Glanz und seine Schönheit in der manifestierten Vereinigung zu zeigen. Indem die Seele die Mannigfaltigkeit durchschritten hat, kommt sie so zu dem Begriff der Einheit und wird zum Verständnis des Einen geleitet. Hier wird die Verwirklichung des Selbst durch die Erforschung des Nicht-Selbst erlangt, durch die Lostrennung des Nicht-Selbst vom Selbst. So vollbringt diese Seele durch Wissen und Erfahrung dasselbe, was die anderen durch reines Denken oder durch den Glauben erreichen. Auf diesem Pfad der Suche nach dem Selbst, auf dem Weg durch das Nicht-Selbst, sind die soge nannten *Siddhis* eine Notwendigkeit. Denn geradeso wie man die physische Welt nicht ohne physische Sinne durchforschen kann, ebenso wenig kann man auch die Astralwelt ohne Astralsinn und die Mentalwelt ohne Mentalsinne kennenlernen. Daher wähle man ruhig sein Ziel, und dann bedenke man die Mittel. Man wird so über die anzuwendende Methode nicht in Verlegenheit geraten, über den Pfad, den man einzuschlagen hat.

So sieht man also, dass es zwei Methoden gibt, welche man in Gedanken stets auseinanderzuhalten hat. Auf dem Weg des abstrakten Denkers oder Metaphysikers kann man das Selbst erreichen. Aber ebenso auch auf dem der wissenschaftlichen Beobachtung und Erfahrung. Der physische oder empirische Weg (im weitesten Sinn des Wortes »physisch«) führt ebenfalls zum Selbst. Beide sind Pfade des Yoga; beide sind in den Anweisungen der Sutras des Patanjali berücksichtigt. Man wird sie nicht mehr einander widersprechend finden, sobald man nur stets darauf bedacht bleibt, die beiden Methoden auseinanderzuhalten. Patanjali hat gegen Ende seiner Sutras einige Winke gegeben über die Art, wie *Siddhis* entwickelt werden können. So kann man also auch auf dem Weg durch das Nicht-Selbst zum Selbst seine Vereinigung mit dem Allmächtigen finden.

YOGA UND MORAL

Der nächste Gedanke, bei dem ich verweilen möchte, ein Punkt, auf den ich besonders Nachdruck legen muss, ist die Tatsache, dass der Yoga eine psychologische Wissenschaft ist. Ich will mich bemühen, Ihnen zu zeigen, dass er keine ethische Wissenschaft ist, obgleich die Ethik sicherlich seine Basis bildet. Psychologie und Ethik sind nicht dasselbe. Die Wissenschaft der Psychologie ist das Ergebnis des Studiums des Geistes. Die Wissenschaft der Ethik ist das Ergebnis des Studiums der Sitten, mit dem Endzweck, die harmonische Beziehung der Individuen zu ermitteln. Die Ethik ist eine Wissenschaft des Lebens und nicht eine Erforschung der inneren Natur des Geistes, auch nicht der Methoden, durch welche die Geisteskräfte entwickelt und entfaltet werden können. Ich betone dies ausdrücklich wegen der Verwechslung, welche hier vielen unterläuft. Wenn man das Wesen und den Wirkungskreis des Yoga richtig versteht, können solche Missverständnisse über seine Bestimmung nicht aufkommen. Manche werden dadurch irregeleitet, im Yoga das zu suchen, was man Ethik und Moralvorschriften nennt. Zwar gibt Patanjali allgemeine Moralvorschriften und Anweisungen über ein sittliches Leben in den ersten beiden Yoga-Stufen (*Yama* und *Niyama*), diese spielen hier aber nur eine Nebenrolle und stellen nicht das Hauptthema dar, sondern bilden nur dessen Grundlage. Man kann keine Yoga-Übung erfolgreich durchführen, wenn man nicht die allgemeinen moralischen Qualitäten in sich trägt, die in den *Yama*- und *Niyama*-Vorschriften niedergelegt sind. Das ist eine selbstverständliche Voraussetzung.

Man sollte daher nicht erwarten, Moralpredigten in einem psychologisch wissenschaftlichen Werk, wie es ein Handbuch über Yoga sein muss, zu finden. Jemand, der Elektrotechnik studiert, wird sich nicht darüber aufhalten, wenn er in einem Fachwerk über Elektrizität keine moralischen Ausführungen entdecken kann. Warum sollte dann jemand, der Yoga als eine psychologische Wissenschaft studiert, erwarten, dort einen Moralkodex vorzufinden?

Ich sage ja keineswegs, dass die Moral für den Yogi belanglos ist. Im Gegenteil, sie hat die höchste Wichtigkeit für ihn und ist auf den ersten Stufen für jeden absolut notwendig. Aber für einen Yogi, der diese ersten Stufen hinter sich gelassen hat, sind solche Vorschriften nicht mehr unerlässlich oder unausweichlich, falls er den »Pfad zur linken Hand« einschlagen will. Man muss sich stets vergegenwärtigen, dass es einen Yogi der rechten Hand und einen solchen der linken Hand gibt. Yoga-Übungen werden in jedem Fall ausgeübt, und während bei dem linken Pfad auf den Anfangsstufen und mitunter auch später Askese praktiziert wird, so fehlt dabei doch die wahre Moral. Der schwarze Magier ist allerdings oft ebenso streng in seiner Moral wie irgendein Mitglied der Weißen Loge. Von den Jüngern der weißen und der schwarzen Magie ist der letztere oft strenger in seiner Askese als der erstere. Sein Zweck ist indessen nicht die Läuterung seines Lebens zum Besten der Menschheit, sondern zur Schulung seiner Werkzeuge, damit es ihm besser gelingt, psychische Kräfte zu erringen. Der Unterschied zwischen dem »weißen« und dem »schwarzen«

Magier liegt nur in ihren Motiven. Ein weißer Magier, der den Pfad der rechten Hand geht, würde beispielsweise Fleischnahrung zurückweisen, da die Art ihrer Wirkung, vor allem aber ihre Herkunft, gegen das Gesetz des Mitleids verstößt. Der Jünger des Pfades der linken Hand würde ebenfalls dem Fleisch entsagen, aber sein Beweggrund wäre bloß die Erwägung, dass er mit seinen Körpern nicht so gut für seine Zwecke arbeiten könnte, wenn diese mit dem *Rajas*-Element des Fleisches erfüllt wären. Der Unterschied liegt im Motiv, während die äußere Handlung dieselbe ist. Man könnte diese Menschen beide moralisch nennen, wenn man sie nach ihren Handlungen allein beurteilte: Das Motiv bestimmt den Pfad, während die äußerliche Tat oft identisch erscheint.

Es ist eine moralische Handlung, sich des Fleisches zu enthalten, weil man dadurch das Leid vermindert. Aber es ist keine moralische Handlung, wenn man sich vom Standpunkt des Yogi aus des Fleischgenusses enthält. Hier ist die Fleischenthaltung nur Vernunftgebot, ein unerlässliches Mittel zum Zweck. Einige der größeren Yogis waren und sind Männer, die man ganz richtig als schwarze Magier bezeichnet; aber dennoch sind sie Yogis. Einer der allergrößten Yogis war Ravana, der Antichrist, der Avatar des Bösen, der alles Übel in der Welt in seiner Person konzentrierte, um sich dem Avatar des Guten entgegenzustellen. Er war ein großer, beeindruckender Yogi und erwarb sich durch den Yoga alle seine Kräfte. Ravana war ein typischer Yogi des Pfades von der linken Hand, ein großer Zerstörer, der den Yoga nur ausübte, um die Macht zur Vernichtung zu gewinnen, und um von der Hand des Planetarischen Logos die Vergünstigung zu erzwingen, dass kein Mensch ihn töten könne. Unwillkürlich wird man sich wohl sagen: »Was für eine merkwürdige Idee, einem Gott eine solche Macht abzunötigen!«

Die Gesetze der Natur sind die Ausdrücke der Göttlichkeit, und wenn man ihnen folgt, so erntet man die naturgemäßen Früchte dieser Handlung. Die Frage, ob jemand gut oder schlecht gegen seine Mitmenschen ist, hat nichts zu tun mit der Tatsache dieser Gesetzmäßigkeit. Ebenso wird diese Frage nicht davon berührt, ob ein anderes Gesetz befolgt oder verletzt wird. Es ist eine tägliche Erfahrungstatsache, dass der Mann der Wissenschaft moralisch oder unmoralisch leben kann, solange ihm nur dieses Leben nicht sein Augenlicht raubt oder sein Nervensystem ruiniert. Dasselbe ist es mit dem Yoga. Die Moral ist von äußerster Wichtigkeit, aber sie beeinflusst nicht diese speziellen Fähigkeiten. Wenn man glaubt, dass die Moral etwas damit zu schaffen hat, kommt man immer auf Irrwege, und es stellt sich die Notwendigkeit heraus, seinen moralischen Standpunkt entweder abzuändern oder ihn für absurd zu halten. Man versuche nur, dies richtig zu verstehen. Das ist es, was der Theosoph tun sollte, und wenn er richtig verstanden hat, wird er nicht in den Irrtum verfallen und auch nicht in Verwirrung geraten, wie viele andere, welche erwarten, dass Gesetze, welche einem Gebiet des Universums angehören, ihre Wirkungen in einem anderen Gebiet zeitigen sollen. Der Mann der Wissenschaft weiß dies. Er sagt sich, dass eine Entdeckung in der Chemie nicht von seiner Moral abhängt, und er würde nicht daran denken, eine wohltätige Spende zu machen, um irgendein neues Element zu entdecken. Ein gut angestelltes Experiment wird ihm nicht misslingen, sei sein Privatleben ein noch so lasterhaftes. Diese Dinge spielen sich in verschiedenen Gebieten ab, und man sollte deren Gesetze nicht verwechseln, man hüte sich, sie durcheinander zu bringen. Da *Ishvara* absolut gerecht ist, erntet der Mensch, der ein Gesetz befolgt, die Früchte dieses Gesetzes, ob nun seine Handlungen in anderer Hinsicht wohltätig für die Menschheit sind oder nicht. Sät einer Reis, so erntet er Reis; sät er Unkraut, so erntet er Unkraut. Die Ernte entspricht ganz der Saat; denn wir leben in einem Universum der Gesetzmäßigkeit. Durch unsere verständnisvolle Anwendung der Gesetze erreichen wir den Erfolg. Wo bleibt da die Moral? Kommt man zu einem Magier des Pfades der rechten Hand, einem Diener der Weißen Loge, so sieht man, dass die Moral den Hauptfaktor darstellt. Da er erstrebt, ein Diener der Menschheit zu werden, muss er die höchste Sittlichkeit beobachten, nicht nur die Durchschnittsmoral der Welt. Der weiße Magier muss darauf hinwirken, die harmonischen Beziehungen zwischen den Menschen zu fördern. Der weiße Magier muss geduldig sein; der schwarze Magier wird auch hartherzig sein. Der weiße Magier muss voll

Mitleid sein, denn das Mitleid erweitert sein Wesen, und er will ja mit seinem Bewusstsein die ganze Menschheit umfassen lernen. Nicht so der schwarze Magier, der es sich leisten darf, das Mitleid zu ignorieren.

Ein weißer Magier kann nach Macht streben; aber wenn er es tut, geschieht es mit dem Gedanken, der Menschheit zu dienen und ihr umso nützlicher zu werden, ein umso tüchtigerer Diener im großen Werk an der Menschheit. Dagegen ist es mit dem »Bruder der schwarzen Seite« nicht so. Wenn er nach Macht strebt, sucht er sie für sich selbst, so dass er sie gegen die ganze Welt einzusetzen vermag. Er kann hart und grausam sein. Er strebt danach, sich zu isolieren, und Härte und Grausamkeit unterstützen ihn darin. Er strebt nach Macht; und indem er sie für sich selbst verwendet, kann er sich zeitweilig gewissermaßen gegen den göttlichen Willen in der Entwicklung stemmen. Den weißen Magier erwarten schließlich die glücklichen Gefilde *Nirvanas*, wo alle Trennung aufhört. Das Ende des anderen ist *Avichi*, die grässlichste Einsamkeit, das *Kaivalyam* (geistige Ende) des schwarzen Magiers. Beide sind Yogis, beide sind der Wissenschaft des Yoga ergeben, und jeder empfängt die Früchte des Weges, den er gegangen war: Der eine die Erlösung, das *Kaivalyam* von *Nirvana*, der andere das von *Avichi*.

DIE ZUSAMMENSETZUNG DER GEISTESZUSTÄNDE

Wir wollen nun an die Erörterung der sogenannten Geisteszustände schreiten. Das Wort, welches für sie von Patanjali gebraucht wird, ist *Vritti*. Die wunderbar gebaute Sanskrit-Sprache schenkt uns schon in dem Wort selbst seinen Sinn. »*Vrittis*« heißt das »Sein« des Geistes, die Zustände, in welchen er bestehen kann, die Beschaffenheit des Geistes, die Art des geistigen Daseins, die Formen seiner Existenz. Das ist die wörtliche Bedeutung des Ausspruchs. Eine Nebenbedeutung davon ist »ein Herumdrehen«, eine Kreisbewegung.

Im Yoga muss jeder Daseinszustand, in dem der Geist sich betätigen kann, aufgehoben werden. Um sich in die Lage zu versetzen, diese Tätigkeiten einzustellen, muss man sich darüber klar werden, dass diese Geisteszustände von fünffacher Art sind - sie sind Pentaden. Das Sutra, wie es gewöhnlich übersetzt wird, sagt, dass die *Vrittis* fünffach sind; aber »Pentade« ist eine genaue, buchstäbliche Übersetzung des im Urtext gebrauchten Wortes »Panchatayya«. Das Wort erinnert einen sofort an den Chemiker, der von Monaden, Triaden usw. spricht, wenn er Elemente beschreibt. Die Elemente, mit denen die Chemie sich beschäftigt, stehen in verschiedener Weise zu dem Einheitselement (Uratom) in Beziehung. Einige Elemente sind mit ihm nur in einer einzigen Art verbunden und werden darum Monaden genannt; andere sind auf doppelte Weise miteinander verknüpft und heißen darum Duaden.

Ist dies nun auch auf die Geisteszustände anwendbar? Ich erinnere an die Bhagavad-Gita, in der es heißt, dass der *Jiva* in die Welt hinausgeht, um die fünf Sinne an sich zu ziehen und den Geist als sechsten. Das dürfte geeignet sein, ein wenig Licht auf diesen Gegenstand zu werfen. Wir haben fünf Sinne, die fünf Tore der Erfahrung, *Jnanendriyas*, die Organe der Erkenntnis. Nur durch diese fünf Sinne können wir die Außenwelt erleben. Die abendländische Psychologie sagt, dass nichts im Bewusstsein existiert, was nicht auf eine Empfindung zurückginge. Das ist aber nicht allgemein gültig; es ist nicht zutreffend für das abstrakte Denken und auch nicht ganz für das konkrete. Aber es steckt viel Wahres darin. Jeder Gedanke ist eine Pentade, ist aus fünf Elementen zusammengesetzt. Jedes Element eines Gedankens kommt aus einem der Sinne, von denen wir gegenwärtig fünf haben. Später wird jeder Gedanke eine Heptade sein, aufgebaut auf sieben Elemente. Gegenwärtig hat jeder nur fünf Eigenschaften (»Sinnesmodalitäten«), welche den Gedanken konstituieren. Der Geist fasst alle in einen einzigen Begriff zusammen, und so entsteht die einheitliche Vorstellung aus den fünf Teilempfindungen. Wenn man an eine Orange denkt und seine Vorstellung davon analysiert, so findet man 1. die Farbe, welche durch das Auge kommt; 2. den Duft, welcher durch die Nase eingesogen wird; 3. den Geschmack, der durch die Zunge vermittelt wird; 4. die Oberflächenbeschaffenheit (Rauheit oder Glätte), welche uns durch das Tastgefühl erkennbar ist; und 5. das Gehör. Wäre unser Ohr feiner gebaut, so könnten wir auch die Molekularschwingungen harmonisch erklingen hören; denn überall, wo Vibrationen erfolgen, entsteht auch ein Schall. Alle diese Eindrücke, im Geist vereinigt, machen die Vorstellung »Orange« aus. Das ist das Wesen der sogenannten Vorstellungsassoziation. Es wird nicht nur durch einen Duft eine ganze Szene mit den umgebenden Umständen in Erinnerung gerufen, unter welchen der Duft wahrgenommen wurde, sondern weil der Eindruck durch alle fünf Sinne vermittelt wurde, erinnert man sich, sobald eines der Elemente neu wachgerufen wird, auch an alle anderen. Das Bewusstsein wirkt wie ein Prisma; stellt man in die Bahn eines weißen Lichtstrahles ein Glasprisma, so wird dieses ihn in seine sieben Bestandteile auflösen, und sieben Farben werden erscheinen. Wenn man wieder ein zweites Prisma in die Bahn dieser aufgelösten sieben Strahlen setzt, wird der Vorgang umgekehrt, und die sieben werden beim Durchgang durch ein Prisma wieder zu dem einen weißen Strahl vereinigt. Der Geist wirkt wie das zweite Prisma; er nimmt die fünffachen Sinneseindrücke auf und verwandelt sie in eine einheitliche Wahrnehmung. Da wir bei unserem gegenwärtigen Entwicklungszustand nur fünf Sinne haben, fasst er fünf Wahrnehmungen zu einer

Vorstellung zusammen. Im selben Verhältnis wie der weiße Lichtstrahl zum siebenfältigen, steht auch die Vorstellung zu den vereinzelten Sinneswahrnehmungen. Das ist der Sinn des viel erörterten Sutra »*Vrittayah Panchatayyah*«: Die *Vrittis* oder Modalitäten des Geistes sind Pentaden. Wenn man die späteren Lehren unter diesem Gesichtspunkt betrachtet, so werden sie leichter verständlich.

Wie ich schon bemerkt habe, ist der Satz: »Nihil est in intellectu, quod non ante fuerit in sensu« (Nichts ist im Bewusstsein, was nicht durch die Sinnespforten in es eingegangen wäre.) keine ganze Wahrheit. *Manas*, der sechste Sinn, fügt den Empfindungen sein eigenes reines, elementares Wesen hinzu. Worin besteht dieses Wesen, welches noch hinzutritt? Es ist die Aufstellung einer Beziehung. Das ist die eigentliche Funktion des Geistes. Alles »Denken« besteht in einer Aufrichtung von Beziehungen, und je genauer man diesen Satz nachprüft, desto besser wird man begreifen, wie er die verschiedenen Prozesse des Geistes umfasst. Der erste Vorgang im Bewusstsein ist die einfache Wahrnehmung und das Sich-selbst-bewusst-

Werden einer Außenwelt. Sei dieser Eindruck zunächst auch noch so schwach, so werden wir uns doch bewusst, dass hier irgendetwas außer uns vorhanden ist – und so kommt die »Beobachtung« zustande. Ich gebrauche den mehr allgemeinen Ausdruck der »Herstellung einer Beziehung«, denn dieser Prozess erstreckt sich über alle mentalen Vorgänge, während die Beobachtung ein einfacher Vorgang ist. Um ein geläufiges Beispiel zu wählen: Wenn ein neugeborenes Kind einen Nadelstich fühlt, wird es sich des Schmerzes bewusst, nicht aber zunächst der Nadel, noch auch genau der Stelle, wo es gestochen wurde. Es weiß nicht zu unterscheiden, wo die Nadel saß. Also macht es noch keine Beobachtungen, denn diese sind so viel wie eine Empfindung, bezogen auf den Gegenstand, welcher die Empfindung hervorruft. Wir »beobachten«, wissenschaftlich gesprochen, nur dann, wenn wir eine Beziehung zwischen dem Gegenstand und uns selbst herstellen. Es ist dies der erste mentale Vorgang, der unmittelbar auf die Empfindung folgt. Natürlich ist, vom orientalischen Standpunkt aus, auch die Sinnesempfindung ein geistiger Vorgang, denn die Sinne sind ein Teil der Erkenntnisfähigkeit; aber von der abendländischen Psychologie werden sie leider unter die Gefühle eingereiht. Wenn wir nun diese Beziehung zwischen uns selbst und den äußerlichen Gegenständen hergestellt haben, was ist der nächste Vorgang in unserem Geist? Die nächste Phase besteht in der Überlegung, d. h. in der Errichtung von Beziehungen zwischen verschiedenen Gegenständen – ähnlich wie die Beobachtung erkannt wurde als die Herstellung einer Beziehung mit einem einzelnen Objekt. Hat man viele Gegenstände beobachtet, dann fängt man an zu überlegen, um Verbindungen zwischen ihnen herzustellen. Eine solche geht aus dem Vergleich verschiedener Objekte hervor, nachdem wir diese durch Beobachtung in Beziehung zu uns selbst gebracht haben. Das Ergebnis der erwähnten neuen Verbindung ist ein Begriff.

Der Ausdruck »die Herstellung von Beziehungen« trifft überall zu. Unser ganzer Gedankenprozess besteht in einer solchen Aufrichtung von Beziehungen, und es ist dies ganz natürlich, da der höchste Denker selbst durch die Herstellung einer Beziehung die Materie ins Dasein gerufen hat. Geradeso wie Er, durch die Herstellung jener ersten Beziehung zwischen Sich selbst und dem Nicht-Selbst, die Entstehung des Universums möglich machte, so spiegeln wir in uns selbst seine Kräfte wider und denken nach demselben Schema und stellen Beziehungen auf, wodurch jeder intellektuelle Vorgang bewerkstelligt wird.

FREUDE UND LEID

Nun wollen wir uns einem anderen Ausspruch des großen Yoga-Meisters zuwenden. »Die Pentaden sind von zweierlei Art, schmerzliche und schmerzlose.« Warum sagte er nicht: »Schmerzliche und freudige?« Weil er ein scharfer, logischer Denker war. Er gebrauchte die logische Einteilung, welche alle Glieder umfasst, das A und das Nicht-A, Schmerzliches und Nicht-Schmerzliches. Von den Psychologen ist eine dritte Kategorie, das Indifferente, viel erörtert worden. Manche Psychologen teilen alle Gefühle in drei Klassen ein: Lust, Unlust und Indifferenz. Die Gefühle können nach ihrer Überzeugung nicht bloß unter die Begriffe »Lust« und »Unlust« subsumiert werden, sondern es gibt noch eine dritte Klasse der Gleichgültigkeit, die weder der Lust noch der Unlust angehört. Andere wieder sagen, dass die Gleichgültigkeit auch nur Lust oder Unlust sein kann, nur nicht genügend betont, um dem einen oder anderen zugeteilt zu werden. Diese Kontroverse könnte samt ihren Verwirrungen ganz vermieden werden, wenn die Grundeinteilung der Gefühle eine logische wäre. A und Nicht-A, das ist die einzig richtige und logische Einteilung. Patanjalis Einteilung ist gänzlich logisch und treffend. Um die Fallstricke zu vermeiden, in welche die modernen Psychologen geraten, teilt er alle *Vrittis* (Modalitäten des Bewusstseins) in schmerzliche und schmerzlose.

Es ist psychologisch zweckmäßig, dass wir »Freude und Schmerz« sagen, wenn es auch keine logische Einteilung ist. Der Grund für diese Ausdrucksweise liegt darin, dass die Worte Freude und Leid zwei verschiedene Fundamentalzustände, nicht im Leben des Selbst, sondern in dem seiner Vehikel, darstellen, in denen das Selbst wohnt. Das Selbst, das in seiner Natur unbeschränkt ist, übt sozusagen einen ständigen Druck aus gegen die Fesseln, welche es einzuengen versuchen. Wenn diese Fesseln ein wenig dem Druck des Selbst nachgeben, dann fühlen wir »Freude«; und wenn sie widerstehen oder sich enger zusammenziehen, »spüren wir Schmerz«. Sie sind nicht so sehr Zustände im Selbst, als vielmehr in seinen Vehikeln, und diese Zustände rufen entsprechende Veränderungen im Bewusstsein hervor. Freude und Schmerz gehören dem Selbst als Ganzes an und nicht einer Seite des Selbst allein. Wenn Freude und Schmerz als zur Begierdennatur gehörig bezeichnet werden, so erhebt sich der Einwand: »Aber in der Betätigung seines Erkenntnistriebes findet man ein intensives Vergnügen (das sogenannte ›intellektuelle Lustgefühl‹). Auch wenn man die Schöpferkraft seines Geistes betätigt, wird man sich dabei einer tiefen Freude bewusst; und trotzdem kann die schöpferische Lust keineswegs mit der Begierde zusammengeworfen werden.« Die Antwort lautet: Die Freude gehört dem Selbst als Ganzes an. Wenn die einzelnen Körper sich dem Selbst hingeben und ihm gestatten, sich »auszudehnen«, wie es seiner ewigen Natur entspricht, dann empfinden wir das, was wir »Freude« nennen. Es ist mit Recht gesagt worden: »Die Freude ist ein Gefühl des Mehrseins.« Jedes Mal, wenn wir Freude empfinden, werden wir sehen, dass sich dies mit einem Mehrsein deckt. Es stimmt sogar beim niedrigsten Zustand des Vergnügens, bei der Esslust. Man wird mehr, indem man einem Teil des Nicht-Selbst Nahrung zuführt. Es trifft auch bei den höchsten Wonnezuständen zu, bei der Vereinigung mit dem Allmächtigen. Wir werden mehr, indem wir uns in Seiner Unendlichkeit ausbreiten. Ähnlich deckt sich »Schmerz« mit »Verminderung«.

Wenn man dies erfasst hat, wird die Lebensphilosophie eine praktische: Man ist befähigt, solchen, die auf üble Wege geraten sind, wirksam zu helfen. Nehmen wir zum Beispiel die Trunksucht: Die wirkliche Anziehungskraft des Trinkens besteht darin, dass in den ersten Stadien ein angeregteres, intensiveres Leben empfunden wird. Dieser Zustand wird aber überschritten, sobald der Mensch betrunken wird; und dann hört die Anziehung auf. Die Lust ist in den ersten Stadien begründet. Viele haben dies auch empfunden, die weit davon entfernt blieben, sich jemals zu betrinken. Man beobachte Leute, die beim Wein sitzen, und man wird sehen, um wie viel angeregter und sprechlustiger sie werden; dort liegt die Anziehung und auch die Gefahr.

Die wirkliche Anziehungskraft ist in den meisten gröberen Sinnesgenüssen dergestalt, dass sie ein Gefühl erhöhten Lebens schenken. Das ist wichtig, wenn man einen richtigen Einblick in die Verhältnisse gewinnen und verstehen will, warum die Leute eigentlich ihrem Laster frönen, und wie man es anstellen müsste, um ihnen zu helfen und sie aufzuklären. Wenn man die große Versuchung begreift, die in der ersten Stufe eines solchen Genusses liegt, die Steigerung der Vitalität, die damit verbunden ist, dann ist es einem möglich, den eigentlichen schwachen Punkt ausfindig zu machen und seine Auseinandersetzung mit einem solchen Menschen danach einzurichten. Auf diese Weise wird ein solches Gebiet der geistigen Forschung nicht nur theoretisch interessant, sondern auch praktisch nützlich für jeden Menschheitshelfer. Je mehr man bereits weiß, desto größer ist die Kraft zu helfen.

Die nächste Frage, die sich erhebt, ist die folgende: Warum werden nicht alle Gefühle in freudige und freudlose anstatt in schmerzliche und schmerzlose eingeteilt? Ein Engländer würde sich nicht lange mit seiner Antwort darauf zurückhalten: »Ach, der Hindu ist von Hause aus so sehr Pessimist, dass er natürlich die

Freude ignoriert und nur von Schmerzlichem und Schmerzlosem spricht. Die Welt ist ja voller Schmerz.« Aber diese Auslegung wäre nicht richtig. Vor allem ist der Hindu nicht pessimistisch: Er ist der optimistischste von allen Menschen. Weist er doch keine einzige philosophische Richtung auf, die nicht den Gedanken in den Vordergrund rückt, dass es der Zweck jeder Philosophie sei, dem Leid ein Ende zu setzen. Aber der Hindu ist durch und durch vernünftig. Er weiß, dass es nicht nötig ist, dem Glück nachzujagen, denn es ist an und für sich schon unser Eigentum, da es die Wesenheit unserer Natur ausmacht. Sagen nicht die Upanishaden: »Das Selbst ist Wonne?« Die Glückseligkeit ist in ewiger Erneuerung in uns begriffen. Sie ist unser eigentlicher Normalzustand, nach dem wir nicht erst zu suchen haben. Wir müssen glücklich sein, sobald wir uns der »Leid« genannten Hindernisse entledigt haben, die in den Modalitäten unseres Bewusstseins begründet sind. Die Glückseligkeit ist das Primäre, der Schmerz erst etwas Sekundäres, und die schmerzlichen Dinge sind Hindernisse, die man überwinden muss. Wenn diese endgültig bewältigt sind, müssen wir glücklich sein. Daher sagt Patanjali: »Die *Vrittis* sind schmerzvoll und schmerzlos.«

Der Schmerz ist eine Abnormität, er ist etwas Vorübergehendes. Da das Selbst die Wonne ist, welche das alldurchdringende Leben des Universums darstellt, hat das Leid keinen dauernden Platz in ihm. Dies ist die hinduistische Auffassung, die optimistischste von der Welt.

Wir wollen nun einen Augenblick innehalten bei der Frage: »Warum gibt es überhaupt Leid, wenn das Selbst reine Glückseligkeit ist?« Gerade deshalb; denn wenn nur Ströme der Wonne auf es einflössen, wäre es ihm unmöglich, sich nach außen zu richten, manifest zu werden und sich in Erscheinungen kundzugeben. Es würde sich dieser Ströme unbewusst bleiben. Der Unendlichkeit seiner Wonne könnte nichts hinzugefügt werden. Nehmen wir zum Vergleich den Wasserstrom, der in seinem Fluss ungehindert wäre und zu dem man neues Wasser zugießen würde. Er dürfte keine weiteren Wellen machen und durch den Wasserzuschuss kaum verändert erscheinen. Richten wir aber eine ähnliche Einwirkung gegen seine Stromrichtung, so dass sein freier Fluss beeinträchtigt würde, dann könnte man alsbald den Strom dagegen ankämpfen sehen, das Hindernis umbrausend und umschäumend und es fortzudrängen suchend. Nur das wird ihn zu einer Anstrengung reizen, was sich seinem ruhigen Fluss entgegenstellt. Dasselbe ist der Zweck des Schmerzes. Er ist das einzige Geschehen, welches das Selbst aus seinem Schlummer erwecken und seine Aufmerksamkeit erregen kann. Wenn das friedlich und glücklich träumende, nach innen gerichtete Selbst die Brandung der Schmerzenswogen gegen sein Ufer schlagen sieht, dann wacht es auf: »Was ist dies, was da meiner Natur sich entgegenstellt, was mir so feindlich und widerwärtig ist?« Der Schmerz rüttelt es auf zur Erkenntnis der Tatsache eines es umgebenden Universums, einer Außenwelt. Daher erscheint in der Seelenwissenschaft, im Yoga, das Leid immer als jenes Element, das die wichtigste Rolle in dem Prozess der Selbsterkenntnis spielt, weil es stets auf der letzten Zergliederung der Naturtatsachen aufbaut. Das, was das Nicht-Selbst ausmacht, spornt das Selbst am besten zur Tätigkeit an. Daher erklärt unser Kommentator, wenn er auf das Leid zu sprechen kommt, immer, dass der Kausalkörper als das Sammelgefäß für alle karmischen Saaten ausgebaut wird durch die schmerzlichen Erfahrungen. Mit diesem Gedanken kommen wir zu einem zusammenfassenden Schluss: Die erste Aufgabe des Schmerzes im Universum ist es, das Selbst zu erwecken, damit es sich der Außenwelt zuwendet, seine Tätigkeitskomponente hervorruft.

Der nächste Schritt, den wir durch das Leid tun, ist die Organisation der verschiedenen Körper. Der Schmerz veranlasst den Menschen, sich anzustrengen; und durch diese Anstrengung wird die Materie seiner Hüllen allmählich ausgebildet. Wenn man seine Muskeln zu entwickeln wünscht, so geschieht dies unter einer Willensanstrengung. Man trainiert und übt sie, sie werden von vermehrtem Leben durchdrungen und erstarken. Der Schmerz ist dazu notwendig, dass der Mensch seine Hüllen zu Tätigkeiten veranlasst, zu Anstrengungen, durch die sie entfaltet und entwickelt werden. So erweckt der Schmerz nicht nur das Wahrnehmungsvermögen, sondern er bewirkt auch die Entfaltung der Hüllen. Er hat auch noch eine dritte Aufgabe; denn das Leid läutert. Wir trachten uns dessen zu entledigen, was uns Schmerz verursacht. Es widerstrebt unserer Natur, und wir bemühen uns, es von uns fernzuhalten. Alles, was gegen die wonnevolle Natur des Selbst ist, wird unter Schmerzempfindung aus den Körpern ausgestoßen. Langsam werden sie durch den Schmerz geläutert und auf diese Weise zu tauglichen Gefäßen für die Zwecke des Selbst gestaltet.

Die vierte Bestimmung des Schmerzes ist die, dass wir durch ihn lernen. Die besten Lehren, welche das Leben erteilt, kommen eher vom Schmerz als von der Freude. Wenn man so alt wird wie ich und auf ein langes Leben zurückblickt, ein Leben voller Sturm und Drang, Mühsal und Schwierigkeiten, so beginnt man zu verstehen, welche reichen Lehren der Schmerz in sich birgt. Ich könnte ohne Bedauern alles aus meiner Lebensgeschichte streichen, was Freude und Glück bedeutete; aber nicht einen Schmerz möchte ich daraus missen, denn Schmerz ist ein Lehrer der Weisheit.

Schließlich hat das Leid noch eine fünfte Mission. Der Schmerz führt zu Kraft. Edward

Carpenter sagt in seinem wunderbaren Gedicht »Mensch und Satan«, nachdem er das Ringen und den Fall beschrieben hat: »Jeder Schmerz, den ich in einem Körper erlitt, ward zu einer Kraft, deren Vorteile ich in einer nächsten Verkörperung genoss.« Kraft ist verwandelter Schmerz.

Daher schreckt der Weise nicht vor dem Schmerz zurück. Er kennt seine Bedeutung. Er erfährt durch ihn Läuterung, Vertiefung und erwirbt Stärke.

Es ist wahr, dass ein Mensch so viel Leid erfahren kann, dass er für diese Inkarnation von ihm betäubt und dadurch gänzlich oder zum Teil leistungsunfähig wird – besonders dann, wenn das Leid in seiner Kindheit über ihn hereinbrach. Aber selbst in diesem Fall werden ihm für ein späteres Dasein die Früchte dieser Schmerzenszeit zugute kommen. Durch seine Vergangenheit mag er Schmerzen unabwendbar gemacht haben; aber dennoch kann er die goldene Gelegenheit nutzen, indem er die Bedeutung dieser unausweichlichen Leiden richtig erkennt und auswertet. Man mag einwenden: Was nützt denn die Freude, wenn das Leid ein so wunderbares Ding ist? Aus der Freude kommt Erleuchtung; denn Freude befähigt das Selbst, sein Wesen zu offenbaren. Unter dem Einfluss der Freude werden alle Träger des Selbst harmonisch gemacht, sie schwingen alle im Einklang; ihre Schwingungen werden rhythmisch, nicht verworren und in Missklang tönend, wie beim Leid. Diese rhythmischen Schwingungen ermöglichen die Entfaltung des Selbst, von der ich sprach, und führen so zur Erleuchtung, zur Selbsterkenntnis.

Wenn dem so ist – und es ist wirklich so –, dann begreift man, dass die Freude eine sehr wichtige Rolle in der Natur spielt; ist sie doch vom Wesen des Selbst und gehört ihm an. Wenn die Freude von außen die Hüllen des Selbst harmonisch macht, so versetzen sie das Selbst umso besser in die Lage, sich durch die niedrigen Hüllen kundzugeben. So ist das Glück eine Vorbedingung zur Erleuchtung. Das ist die Erklärung für den Wert der Verzückung des Mystikers. Es ist eine tiefe, mächtige Wonne, triumphierender Liebe entsprungen, welche sein ganzes Wesen durchbebt. Alle seine Körper werden davon durchdrungen, die gröberen wie die feineren. Die Herrlichkeit seines Selbst wird ihm offenbar, und er sieht das Antlitz seines Gottes. Dann kommt die wunderbare Erleuchtung über ihn, die ihn zeitweilig alle die niedrigen Welten vergessen lässt. Er fühlt dies, weil für einen Augenblick sein Selbst sich als göttlich erlebt, weil er erfährt, dass es ihm möglich ist, die Gottheit anzuschauen, die ihm wesensverwandt ist.

So sollten wir also die Freude nicht mehr als den Schmerz fürchten, wie es einige törichte Leute lehren, die durch eine missverstandene Religiosität irregeleitet sind. Die absurde Ansicht, welche so oft in primitiven Religionen auftaucht, dass man die Freude lieber scheuen als suchen soll, als ob Gott sie seinen Kindern missgönnen würde, ist eine von den scheußlichen Ausgeburten, die der Unwissenheit und Furcht entspringen. Der Vater des Lebens ist Wonne. Er, der eitel Seligkeit ist, kann Sich selbst seinen Kindern nicht vorenthalten, und jeder Widerschein der Freude in der Welt ist ein Abglanz des göttlichen Lebens, eine Offenbarung des Selbst inmitten der Materie. Darum haben sowohl die Freude als auch der

Schmerz ihren Zweck, und der letztere wird von dem Weisen ebenso willkommen geheißen, denn er versteht und nutzt ihn. Man kann leicht begreifen, wie bei dieser Betrachtungsweise Freude und Leid gleich geliebt werden. Der Weise, der sich mit keinem von beiden identifiziert, nimmt beides entgegen, so wie es kommt, denn er weiß, dass sie zweckmäßig sind. Wenn wir erkannt haben, welche Stelle im Weltplan die Freude und der Schmerz einnehmen, dann verlieren sie ihre Wirkung, uns zu binden oder zu beunruhigen.

Kommt Leid, so nehmen wir es entgegen. So auch mit der Freude; wir empfangen sie und gewinnen dabei. Auf diese Weise wird es uns möglich, mit allem zufrieden durch das Leben zu schreiten, was uns beschieden wird, und uns nicht nach dem zu sehnen, was uns augenblicklich fehlt. Wir benutzen beide als Mittel zu einem erwünschten Zweck, und so können wir uns zu einem höheren Gleichmut erheben als dem des Stoikers, zur wahren Wunschlosigkeit (*Vairagya*). Sowohl Freude als auch Leid sind überwunden, und das bloße Selbst bleibt zurück, das Selbst, welches Glückseligkeit ist.

Teil IV

DER PRAKTISCHE YOGA

Im vorhergehenden Kapitel lenkte ich Ihre Aufmerksamkeit auf die Zustände des Geistes und zeigte Ihnen, dass entsprechend dem Sanskritwort *Vritti* diese als Formen betrachtet werden sollen, unter denen der Geist existiert, oder, um die philosophische Redeweise des Abendlandes zu gebrauchen, als Modalitäten des Geistes, als Modalitäten des mentalen Geschehens. Sie sind die Zustände, die aufgehoben, eingestellt, in völlige Ruhe überführt werden müssen; denn es ist notwendig, einen Zustand zu erzeugen, welcher dem höheren Ich gestattet, sich in das niedere Ich zu ergießen. Oder um es anders auszudrücken: Wenn der niedere Verstand unbewegt, ohne Eigenwille ist, spiegelt er den höheren Geist wider, ähnlich einem stillen See, in dem sich die Sterne spiegeln. Sie werden sich des Ausspruchs der Upanishaden erinnern, der sich weniger wissenschaftlich und fachgemäß fasst, aber dafür umso schöner, und worin erklärt ist, dass in der Ruhe des Geistes und im Schweigen der Sinne der Mensch die Majestät des Selbst erschauen kann. Die Art, wie diese Seelenruhe erreicht werden kann, soll nun Gegenstand unserer Betrachtung werden.

DIE AUFHEBUNG DER GEISTESTÄTIGKEITEN

Zwei Wege gibt es, und nur zwei Wege, um diese geistigen Funktionen einzustellen. Sie werden uns von Shri Krishna in der Bhagavad-Gita gegeben, wo Arjuna sich beklagt, dass der Geist ungestüm, heftig, ungebärdig und unbezähmbar sei, so wie der Wind. Seine Antwort war klar und unzweideutig: »Ohne Zweifel, du mächtiger Krieger, ist der Geist schwer zu bezähmen und unruhvoll. Aber er kann durch Übung ohne Unterlass (*Abhyasa*) und durch Leidenschaftslosigkeit (*Vairagya*) gebändigt werden.« (Bhag. Gita VI, 34 f.)

Dies sind die zwei einzigen Methoden, durch welche der stürmische, ruhelose Geist zu Stille und Frieden gebracht werden kann. *Vairagya* und *Abhyasa* sind zwei Wege, welche, wenn man sie unablässig verfolgt, unfehlbar zum Ziel führen.

Wir wollen nun nachforschen, was diese beiden Worte in sich begreifen. *Vairagya* oder die Wunschlosigkeit hat als Hauptzweck die Abstreifung aller Leidenschaft und alles Begehrens nach den Sinnesobjekten. Alle Anziehung und alle Bande, welche die Begierde für den Menschen bedeutet, muss er von sich weisen. *Raga* bedeutet Leidenschaft, Hang zu Dingen, welche den Menschen fesseln. Das Vorwort »vi« (hier gemäß den Sprachregeln zu »vai« umgewandelt) heißt so viel wie »ohne« oder »entgegensetzt«. Darum bedeutet *Vairagya* »ohne Begierde«, »leidenschaftslos« – also Ungebundenheit, von keinen Gegenständen der Außenwelt gefesselt sein, ohne Beziehung zu ihnen sein. Wenn man nun erwägt, dass das Denken die Herstellung von Beziehungen ist, so versteht man, dass die Zurückweisung der Beziehungen dem Geist jenen Stillstand auferlegt, welcher das Wesen des Yoga ausmacht. *Raga* muss gänzlich Einhalt geboten werden, wir müssen uns von ihr lossagen. Wir müssen danach trachten, das Gegenteil dieses Prozesses zu erreichen, nämlich jenen Zustand, wo jede Leidenschaft aufgehoben, jede Anziehung zu den Gegenständen der Begierde erloschen, jede Verbindung zwischen den Menschen und den Außendingen abgebrochen ist. »Wenn die Fesseln des Herzens durchschnitten sind, wird der Mensch unsterblich.«

WIE SOLL DIESE LOSLÖSUNG VON DER LEIDENSCHAFT ERFOLGEN?

Es gibt nur einen richtigen Weg dazu, indem wir uns langsam und allmählich von den äußeren Objekten abziehen und der größeren Anziehung des Selbst hingeben. Das Selbst wird immer zum anderen Selbst gezogen. Diese Kraft allein kann die Körper von den umgebenden Objekten abziehen. Frei von aller Begierde, fernerhin keine Beziehungen zu den Gegenständen mehr anknüpfend, hat das losgelöste Selbst sich frei und zwanglos gemacht, und mit dem einen Selbst vereinigt zu werden, ist das einzige Ziel seiner Wünsche. Aber nicht mit einem Male, durch eine einzige Anstrengung, kann diese große Tugend der Leidenschaftslosigkeit zum Besitz des Menschen werden, der sich dem Yoga ergeben hat. Er muss sich in der Leidenschaftslosigkeit fortwährend und stetig üben. Das liegt in dem Sinn des Wortes *Abhyasa* oder in den Übungen eingeschlossen, die zusammen mit *Vairagya* oder Leidenschaftslosigkeit vorgeschrieben sind. Die Übung muss eine ständige, ununterbrochene sein. »Übung« bedeutet nicht bloß Meditation, obgleich das Wort gewöhnlich in diesem Sinn benützt wird. Es begreift das zielbewusste, ununterbrochene Verharren in der Leidenschaftslosigkeit inmitten der lockendsten Umgebungen in sich.

Um sich Wunschlosigkeit anzueignen, muss man sie im alltäglichen Leben üben. Ich habe gesagt, dass viele *Abhyasa* auf die Meditation beschränken, und dies ist der Grund, warum so wenig Menschen zum Yoga kommen. Ein anderer Irrtum ist der, auf irgendeine große Gelegenheit zu warten. Die Leute bereiten sich auf dieses oder jenes große Opfer vor und vergessen darüber die Alltäglichkeiten des Lebens, durch welche der Mensch mit Myriaden von feinen Fäden an die Gegenstände gefesselt ist. Diese Dinge entgehen wegen ihrer Kleinheit der Aufmerksamkeit der meisten, und die Leute versäumen, während sie auf das große Ereignis warten, ihre Übung der Wunschlosigkeit in den kleinen Ereignissen des Tages. Indem wir in jedem Augenblick unser Verlangen bezähmen, werden wir gegen alle Gegenstände unserer Umgebung gleichgültig. Und dann, wenn jene große Gelegenheit sich einstellen sollte, ergreifen wir sie fast unbewusst. Jeden Tag, den ganzen Tag lang, übe dich; das ist es, was von dem Jünger des Yoga verlangt wird. Nur auf diese Weise können wir zu dem ersehnten Erfolg gelangen, aber die Strebenden ermüden gerade durch die Schwierigkeiten dieser fortgesetzten angestrengten Übung am häufigsten.

Indessen muss ich hier vor einer Gefahr warnen. Um zur Wunschlosigkeit zu gelangen, geben manche den kurzen und bündigen Rat: »Ertöte in dir alle Liebe und Neigung; verhärte dein Herz, werde kalt gegen alles um dich. Verlasse Weib und Kind, Vater und Mutter, und fliehe in die Wüste oder in den Urwald. Errichte eine Mauer zwischen dir und allen lockenden Dingen. Dann wird dir die Wunschlosigkeit erblühen.« Es ist ganz richtig, dass es verhältnismäßig leicht ist, auf diese Weise zur Wunschlosigkeit zu kommen. Aber dadurch tötet man mehr als die Begierde; denn man errichtet ja um das Selbst, welches Liebe ist, einen Dornenwall, der für dieses undurchdringlich ist.

Man engt sich selbst ein, wenn man sich mit einer dichten Schale umgibt, so dass man sie nicht durchbrechen kann. Man verhärtet sich, wo man weicher werden sollte, man verschließt sich, wo man gegen andere empfänglich werden sollte. Man ertötet auch die Liebe, und nicht nur die Begierde, ganz vergessend, dass die Liebe dem Selbst anhängt und das Selbst sucht, während die Begierde an den Hüllen des Selbst hängt, an den körperlichen Formen, in die es sich gekleidet hat. Liebe ist der Wunsch des individuellen Selbst nach Vereinigung mit anderen individualisierten Selbsten. Wunschlosigkeit bedeutet die Lossagung von der Anziehungskraft der Materie, also etwas gänzlich anderes. Die Liebe soll man hegen, denn sie ist das ureigenste Wesen des Selbst. In seinem Eifer, Wunschlosigkeit zu erlangen, darf man die Liebe nicht ertöten. Die Liebe ist das Leben selbst in jedem von uns, die wir selbstständige Selbste sind. Zieht es doch jeden von uns zum anderen Ich, zu dem anderen Selbst hin; denn wir sind jeder ein Teil des erhabenen Ganzen. Töte den Wunsch in dir ab, sofern er sich auf die Hüllen des Selbst bezieht, aber ersticke nicht die Liebe, die zum Selbst hinstrebt, jene nie erlöschende Kraft, die das Selbst zum Selbst zieht. In jenem großen Aufstieg ist es viel besser, durch die Liebe zu leiden, als sie von sich zu weisen und dadurch unsere Herzen gegen alle Bande der Neigung und Ansprüche unserer Lieben zu verhärten. Leide der Liebe zuliebe, selbst wenn das Leid ein bitteres ist. Ist auch die Liebe ein Schmerzenspfad, der Schmerz wird vergehen, aber die Liebe stetig wachsen, und in der Einheit des Selbst wird man schließlich erleben, dass die Liebe die große Kraft der Anziehung ist, welche alle Wesen vereinigt.

Viele Menschen, die die Liebe aus ihrer Brust reißen wollen, werfen sich damit nur selbst in ihrem Aufstieg zurück und werden unmenschlich statt übermenschlich durch ihre verfehlten Bestrebungen. Durch menschliche Bande der Liebe und Sympathie geschieht die Entfaltung des Selbst. Es wird von den Meistern der Weisheit gesagt, dass sie die ganze Menschheit lieben wie eine Mutter ihr Erstgeborenes. Ihre Liebe ist keine zu Eis erstarrte oder versteinerte, sondern eine Liebe voll der höchsten Glut, und sie erstreckt sich ohne Unterschied auf alle.

Folge keinem Lehrer, der dich heißt, die Liebe in dir zu ersticken und herzlos gegen menschliche Gefühle zu werden; denn dieser Weg führt dich zum Pfad der linken Hand.

MEDITATION »MIT UND OHNE SAAT«

Die nächste Frage ist die unserer Meditationsweise. Was versteht man unter Meditation? Sie kann nicht die gleiche für jedermann sein. Das Prinzip ist in allen dasselbe, nämlich dem Geist eine stetige Richtung zu geben, die Methode aber muss wechseln gemäß dem Temperament des Meditierenden.

Nehmen wir den Fall eines tüchtigen Denkers, eines intelligent und exakt urteilenden Menschen, dessen einzige geistige Beschäftigung in logischem Schlussfolgern besteht. Er sollte seine bisherige Schulung nutzen. Man darf sich nicht einbilden, den Verstand durch eine einzige Anstrengung schon stillstehen lassen zu können. Man folge seiner logischen Gedankenkette Schritt für Schritt, Glied um Glied, und gestatte dem Geist nicht, um Haaresbreite abzuweichen von dem sich gesetzten Ziel. Man erlaube ihm nicht, sich auf Seitenwegen zu begeben, man halte streng die eingeschlagene Richtung ein – und bald wird sich Beständigkeit einstellen. Der Geist wird unverwandt an seinem Ziel festhalten und es nicht mehr verlieren. Dann, wenn man den höchsten Punkt seines Denkens erreicht und beim letzten Glied seines Denkschlusses anlangt, über den der Geist uns nicht mehr erheben kann, dann beschließe man damit das angestrengte Denken. Bei diesem Höhepunkt angekommen, klammere man sich mit aller Kraft an das letzte Glied der Kette und erhalte dort den Geist schwebend, in unverwandter, fester Ruhe auf das Kommende wartend. Nach und nach wird man imstande sein, diese Stufe für lange Zeit festzuhalten.

Für jemanden, in welchem die Einbildungskraft stärker ist als das logische Denken, ist der Weg der Hingebung geeigneter als die Methode der Schlussfolgerung. Er mag die Kräfte seiner Fantasie benutzen. Er sollte sich eine Szene vorstellen, worin der Gegenstand seiner Hingebung die Hauptgestalt bildet. Nach und nach sollte er sie aufbauen und dabei zu Werke gehen wie ein Maler, der ein Gemälde entwirft, allmählich alle Teile des Bildes zusammenstellt. Er muss daran arbeiten wie der Künstler an seiner Leinwand, Strich um Strich hinzufügend, und seine Einbildungskraft führt ihm dazu den Pinsel. Zuerst wird sein Werk sehr langsam vorangehen gehen, aber das Bild gewinnt bald an Farbe und tritt immer rascher auf seinen Willen hin in Erscheinung. Immer und immer wieder sollte er sich sein Gemälde ausmalen, indem er später weniger auf die Umgebung Gewicht legt und mehr und mehr auf den Hauptgegenstand, dem seine innerste Hingebung gilt. Wenn er so gelernt hat, seinen Geist auf diese Weise auf einen Punkt zu konzentrieren, so bringt er das Bewusstsein in seine Gewalt und erhält es in der gewollten Richtung. Durch diese Anwendung der Einbildungskraft wird der Geist allmählich unter die Herrschaft des höheren Selbst gebracht. Die Auswahl des Gegenstandes für die Meditationsübung wird von der Weltanschauung oder Religion des Menschen abhängen. Nehmen wir den Fall – wie es bei vielen Hindus sein wird –, dass als Gegenstand der Anbetung Shri Krishna[6] gewählt wird. Er wird in irgendeiner Szene seines Erdenlebens vorgestellt, wie etwa in

6 Man erinnere sich, dass diese Vorträge in Benares gehalten wurden. Für den Christen oder Theosophen werden sich leicht passende andere Beispiele finden. (D. Übers.)

der Schlacht von Kurukshetra. Man stellt sich die Heere vor, wie sie beiderseits in Schlachtreihen aufgestellt sind. Man stellt sich Arjuna in seinem Streitwagen stehend vor, niedergeschlagen, verzweifelnd; dann kommt man zu der Gestalt Shri Krishnas, des Wagenlenkers, Freundes und Lehrers. Nun richtet man seine Gedanken auf die Hauptgestalt und lässt dem Herzen freien Lauf, nur ihn im Geist hegend, in voller Ergebung an ihn allein, schweigend, harrend der Dinge, die man erleben wird.

Das ist es, was man als »Meditation mit Saat« bezeichnet. Die Hauptfigur oder das letzte Glied in der Gedankenkette stellt den Keim vor. Langsam hat man den stets wandernden Geist zum beständigen Beharren gebracht, auf dem Weg der langsamen, stufenweisen Bezwingung. Nun bleibe man auf die letzte Hauptidee konzentriert und verweile unentwegt darauf. Dann gebe man selbst diese noch auf, lasse die Hauptgestalt, das Ideal, den Keim der Meditation, fahren. Man erhalte aber den Geist in der erreichten Lage, auf dem gewonnenen Boden, und spanne alle seine Kräfte an, dort wachzubleiben.

Dann ist man zur »Meditation ohne Saat« vorangeschritten. Verweile unentwegt in vollkommener Ausgeglichenheit darauf und verharre im Schweigen der Leere. Dann bist du in der früher genannten »Wolke« angelangt und durchschreitest die Zustände, wie sie vorher dargestellt wurden. Plötzlich tritt eine Veränderung ein, ein unverkennbarer, ein unerhört großer, unglaublicher Wechsel. In jenem Schweigen wird eine Stimme ertönen, eine Form erscheinen. An dem dunklen Horizont wird eine Sonne aufsteigen, und in dem Licht jener Sonne wird man seine eigene Identität mit ihr erkennen, um zu erfahren, dass das, was sich leer für das sinnliche Auge darstellt, sich für das spirituelle Auge als voll erweist, und dass das, was sich als das Schweigen für das sinnliche Ohr ausnimmt, volltönende Musik ist für das geistige Ohr.

Auf diese oder ähnliche Weise wird man dazu gelangen, seinen Geist zu beherrschen, seine schweifenden Gedanken zu zügeln und Erleuchtung zu finden.

Aber eine Warnung möchte ich geben. Wenn man meditiert »mit Saat«, kann man dies nur zustande bringen, bis man fähig ist, seinen Keim eine beträchtliche Zeit festzuhalten und unverwandt seine Aufmerksamkeit darauf zu heften. Es ist die Leere der angespannten Erwartung, nicht aber die des herannahenden Schlafes. Wenn der Geist im letzteren Zustand ist, so wäre seine bloße Leere gefährlich. Sie würde zur Mediumschaft führen, zur Besessenheit durch ein fremdes Wesen. Nur wenn man seinen Geist derartig diszipliniert hat, dass man eine geraume Zeit einen einzigen Punkt festhalten und dabei wach und gespannt bleiben kann, auch wenn man diesen Punkt fallen lässt, dann ist es erst ratsam zu versuchen, in die Leere überzugehen.

Manchmal wird die Frage gestellt: »Wenn ich dies nun tue, und es gelingt mir, des Körpers unbewusst zu werden; wenn ich mich in eine höhere Sphäre erhebe – bin ich dann ganz sicher, dass ich in meinen Körper zurückkehren werde? Wenn ich ihn einmal verlassen habe, ist es gewiss, dass ich wieder in ihn zurückkomme? Dieser Zweifel könnte einen leicht ängstigen. Selbst wenn man sich sagt, dass das Stoffliche nichts und das Geistige alles ist, mag man doch wohl nicht seine Verbindung mit dem Körper verlieren, und so kann es kommen, dass jemand, der diese Verbindung schon abgebrochen hätte, aus bloßer Angst, sie zu verlieren, wieder zur Erde zurückfiele, nachdem er sich so viele Mühe gegeben hatte, sie zu verlassen - und der Erfolg der Meditation wäre damit zerstört. Man sollte eine solche Furcht nicht aufkommen lassen; denn das, was einen zurückzieht, sind die Spuren der Vergangenheit, die unter allen Umständen bleiben.

Es ist diese Frage eine ähnliche wie die folgende: »Warum sollte der *Pralaya*-Zustand jäh zu Ende gehen und wieder ein *Manvantara*[7] anfangen?«, und die Antwort ist vom Standpunkt des hinduistischen Psychologen die gleiche: »Der Grund ist dieser: Wenn man auch die Saat selbst des Gedankens fallen gelassen hat, kann man doch nicht die Spur verwischen, die der Gedanke zurückgelassen hat; und diese Spur ist ein Keim, welcher wiederum Materie um sich ansammeln muss, um sich aufs Neue Ausdruck zu verschaffen. Die Spur heißt *Samskara*, was so viel bedeutet wie »Entblößung von aller Materie«. So hoch man sich über den konkreten Verstand auch

7 Die Ruhepause und die Manifestationsperiode, das Ein- und Ausatmen Brahmans. (D. Übers.)

erheben mag, so bleibt doch die Spur dessen, was man gedacht hat und weiß, im Denkprinzip zurück und wird uns unfehlbar zurückziehen. Man kann seiner Vergangenheit nicht entfliehen, bis man nicht seine Lebensperiode abgeschlossen hat. So lange aber wird *Samskara* uns immer zurückbringen. Das ist es auch, was den Menschen beim Abschluss eines Lebens nach dem Himmelszustand wieder zur Verkörperung veranlasst. Es ist der Ausdruck des Gesetzes des Rhythmus (Ausgleich). In dem wunderbaren esoterischen Werk »Licht auf den Pfad«[8] wird von diesem Zustand gesprochen und der Jünger uns in diesem Schweigen verharrend dargestellt. Der Autor sagt dann: »Aus diesem Schweigen, das der Friede ist, lässt sich eine hallende Stimme vernehmen, welche ruft: »Es ist nicht gut; du hast geerntet, jetzt musst du säen. Und diese Stimme als das Schweigen selbst erkennend, wirst du gehorchen.«

Was bedeutet dieser Satz: »Du hast geerntet, nun musst du säen?« Er bezieht sich auf das große Gesetz des Rhythmus, dem selbst die Logoi, die *Ishvaras*, unterworfen sind – das Gesetz des

8 Mabel Collins, Licht auf dem Pfad, Grafing 2007

allmächtigen Atems, das Aus- und Einatmen, welches jedes Teilchen umfasst, das zeitweilig individualisiert ist. Ein Logos kann sein Universum verlassen, und wenn er seinen Blick nach innen richtet, kann es vergehen. Denn er war es, der ihm Wirklichkeit verlieh. Er mag sich in die unendlichen Tiefen des Seins versenken; aber auch hier lebt noch das *Samskara* des gewesenen Universums, das schattenhafte, latente Gedächtnis, der Keim der *Maya*, dem er nicht entrinnen kann. Er würde aufhören, *Ishvara* zu sein, wenn es ihm gelänge, sich ihm zu entziehen, und er würde zum *Brahmanirvana* (unmanifestiert) werden. Es gibt keinen *Ishvara* ohne *Maya* und keine *Maya* ohne *Ishvara*. Selbst im *Pralaya* kommt ein Zeitpunkt, wo die Ruhe endet und das innere Leben wieder nach Betätigung verlangt. Dann beginnt das Sich-nach außen-Wenden, und ein neues Universum tritt in Erscheinung. Dies ist das Gesetz der Ruhe und der Tätigkeit. Tätigkeit, auf die Ruhe folgt, und Ruhe, nach welcher sich wiederum der Wunsch nach Tätigkeit regt. So dreht sich das rastlose Rad des Weltlebens wie auch das des Menschenlebens unablässig. Denn im Ewigen sind Ruhe und Tätigkeit stets zugleich gegenwärtig, und in dem, was wir »Zeit« nennen, lösen sie einander ab, obgleich sie in der Ewigkeit zur selben Zeit gegenwärtig und immer existierend sind.

DER GEBRAUCH VON MANTRAS

Um Ihnen in dieser schwierigen Sache eine Hilfe an die Hand zu geben, möchte ich Ihre Aufmerksamkeit auf eine Tatsache lenken, die für den Anfänger von großer Wichtigkeit ist.

Unsere Körper sind stets unruhig. Jede Schwingung in einer Hülle ruft eine entsprechende Reaktion im Bewusstsein hervor. Gibt es ein Mittel, diese Schwingungen einzustellen, die Bewegungen im Körper zum Stillstand zu bringen, so dass das Bewusstsein völlig zur Ruhe kommt? Das Aussprechen eines Mantras hilft dazu. Ein »Mantra« ist ein mechanisches Mittel, um Schwingungen zu hemmen. Anstatt die Macht des Willens und der Vorstellungskraft anzuwenden, spart man diese für andere Zwecke und gebraucht einfach das mechanische Hersagen eines Mantras. Man versteht darunter eine bestimmte Folge von Lauten. Wenn diese im rhythmischen Wechsel immer und immer wieder in der richtigen Reihenfolge wiederholt werden, machen sie die Schwingungen der Körper untereinander harmonisch. Daher kann ein Mantra nicht übersetzt werden, weil die Übersetzung die Laute ändert. Man findet nicht nur im Hinduismus Mantras, sondern man trifft sie ebenso im Buddhismus, in der römisch-katholischen Kirche, im Islam und bei den Parsen. Sie werden nie übersetzt; denn wenn man die Reihenfolge und die Anordnung der Laute verändert, hört das Mantra auf, Mantra zu sein. Wenn man den Text übersetzt, so kann man ein sehr schönes Gebet erhalten, oder die Übertragung kann ein wunderbar inspiriertes Gedicht werden, aber es ist kein lebendig wirkendes Mantra mehr. Es wird nicht imstande sein, die Schwingungen der umgebenden Hüllen harmonisch zu gestalten und das Bewusstsein zur Sammlung zu bringen. Die Dichtung oder das inspirierte Gebet sind dem Sinn nach vollständig übersetzbar. Aber ein Mantra ist exklusiv und lässt sich in keine andere Sprache überführen. Die Poesie des Dichters ist eine wunderbare Sache; sie begeistert so oft die Seele, sie erfreut das Ohr und sie mag himmlisch schön sein, aber sie ist doch kein Mantra.

DIE AUFMERKSAMKEIT

Wenden wir uns nun der Konzentration zu. Fragen Sie jemanden, ob er sich konzentrieren kann. Er wird sofort sagen: »Oh, das ist sehr schwierig. Ich habe es oft versucht, aber es misslang mir stets.« Stellen wir aber die Frage anders: »Können Sie auf irgendeine Sache Ihre Aufmerksamkeit richten?«, dann wird er sofort sagen: »Ja, das kann ich.«

Die Konzentration ist auch nichts anderes als Aufmerksamkeit, eine dauernd angespannte Aufmerksamkeit. Wenn man auf das, was man eben tut, seine volle Aufmerksamkeit richtet, dann wird auch der Geist gesammelt sein.

Viele versuchen sich in der Konzentration und wundern sich, warum sie keinen Erfolg haben. Wie aber kann man annehmen, dass eine halbe Stunde Meditationsübung und dreiundzwanzigeinhalb Stunden zerstreutes Denken während des Tages und der Nacht, wo man seine Denkkraft zersplittert, es einem ermöglichen sollte, sich während dieser halben Stunde zu konzentrieren? Man macht während des Tages und der Nacht das zunichte, was man am Morgen geschaffen hat, so wie Penelope das Gewebe, welches sie tagsüber erarbeitet hatte, des Nachts wiederum auftrennte. Um ein Yogi zu werden, muss man zu jeder Zeit gesammelt sein. Zu jeder Stunde seines Lebens muss man die Konzentration üben. Wenn man während vieler Stunden des Tages seine Gedanken zerstreut, darf man sich nicht wundern, wenn sich kein Erfolg einstellt. Es würde vielmehr ein Wunder sein, wenn man Erfolg hätte. Man muss alles, was man an einem Tag tut, mit gesammelter Aufmerksamkeit tun. Das ist ohne Zweifel schwierig, und man kann es sich am Anfang erleichtern, indem man sich unter den Arbeiten des Tages nur einen bestimmten Teil auswählt, in welchem man mit ununterbrochener, vollkommener Sammlung tätig ist. Man darf seinen Geist nicht von dem vorgestellten Gegenstand abschweifen lassen. Es kommt gar nicht darauf an, worin dieser besteht. Ob es das Addieren einer Zahlenreihe oder das Lesen eines Buches ist, das ist ganz gleichgültig. Alles hängt von der geistigen Verfassung ab, mit der man tätig ist, nicht von dem Objekt. Es ist dies der einzige Weg, um Konzentration zu erlernen. Man halte seine Gedanken streng bei der Sache, die man zur festgesetzten Zeit ausführt. Auf diese Art übe man sich regelmäßig einige Monate lang, und dann wird man sich wundern, wie leicht es einem wird, seinen Geist zu konzentrieren. Dazu kommt noch der Vorteil, dass unser Körper lernen wird, vieles automatisch auszuführen. Wird er gehalten, etwas regelmäßig zu tun, so beginnt der Organismus bald, es von selbst zu tun. Dann wird man bemerken, dass man zu gleicher Zeit zwei oder drei Dinge erledigen kann. Manche Frauen lieben das Stricken. Wenn ein Mädchen anfängt, Stricken zu lernen, so ist es zunächst nötig, seinen Fingern angestrengte Aufmerksamkeit zuzuwenden, ohne einen Augenblick wegzuschauen. Sonst wird sie einen Fehler machen. Sie wiederholt diese Übungen Tag für Tag, und eines schönen Tages haben ihre Finger gelernt, die Arbeit zu verrichten, ohne dass sie eigens darauf achtet. Ihre Finger kann sie weiter stricken lassen, während sie ihr Bewusstsein mit irgendeiner anderen Sache beschäftigt.

So ist es jedem möglich, auch seinen Intellekt derart einzuüben oder zu schulen, wie das Mädchen seine Finger abgerichtet hat. Auch unser Verstand, also unser Mentalkörper, kann so trainiert werden, dass er eine Sache automatisch ausführt. Schließlich kann das höhere Bewusstsein unablässig der Allmacht zugewendet bleiben, während das niedrige Bewusstsein im Körper wirkt und seine Aufgabe vollkommen erfüllt, da es vollkommen geschult ist. Das sind praktische Lehren des Yoga.

Durch solche Übungen werden die Fähigkeiten ausgebaut. Man wird tüchtiger und besser, und man ist nun vorbereitet für das eigentliche Studium des Yoga.

ALLGEMEINE HEMMNISSE FÜR DEN YOGA

Ehe wir über die Vorbedingungen sprechen, welche zu den wirklichen Yoga-Übungen befähigen, wollen wir kurz die Hemmnisse behandeln, wie sie von Patanjali angeführt werden. Es ist aber hier nicht möglich, ihnen eine eingehendere Erörterung angedeihen zu lassen.

Die Hemmnisse sind sehr umfassend: An erster Stelle gehört hierher Krankheit. Ein Kranker kann nicht Yoga praktizieren; denn dieser setzt eine kräftige Gesundheit voraus. Der Yoga stellt auch starke physische Ansprüche an den Organismus. Auch geistige Schlaffheit ist schädlich, denn man muss geistig regsam und energisch sein. Unentschlossenheit und Wankelmut sind kontraproduktiv, denn ein entschlossener Wille ist unerlässlich. Man muss fähig sein, sich zu entscheiden. Ein weiteres Hindernis ist Nachlässigkeit. Sie ist eine der größten Schwierigkeiten für die Anfänger, denn sie lesen eine Sache oberflächlich und sind oft ungenau.

Trägheit ist ebenfalls schlecht, denn ein fauler Mensch kann kein Yogi werden. Sollte ein schlaffer Wille, unfähig, sich anzustrengen, die extremen Spannungen aufbringen, die hier gefordert werden? Ferner ist auch weltlicher Sinn ein offenkundiges Hemmnis, so wie auch Anschauungen oder falsche Urteile. Eine der wichtigsten Eigenschaften als Vorbedingung für den Yoga ist richtige Urteilsfähigkeit, ein offener Sinn, der Gedanke muss mit den Tatsachen übereinstimmen, der Mensch muss durch und durch geradlinig und wahr sein. (Sonst ist ihm der Yoga unzugänglich.) Auch darf der Schüler nicht unlogisch und dumm sein, das Unwichtige für wichtig erachten und umgekehrt. Er darf auch nicht unbeständig sein, denn schon geringe Unbeständigkeit macht zum Yogi untauglich.

DIE VORBEDINGUNGEN FÜR DEN YOGA

Kann jedermann Yoga ausüben? Nein; aber jeder gebildete Mensch kann sich für seine künftige Ausübung vorbereiten. Zu raschen Fortschritten darin muss man schon eine starke Veranlagung besitzen, so wie man für alles andere befähigt sein muss. Auf irgendeinem Gebiet der Wissenschaft kann ein Mensch seinen Studien nachgehen, ohne eine besondere Begabung dafür zu besitzen, wobei er aber dann keine Kapazität in diesem Fach werden wird. So ist es auch mit dem Yoga. Jemand, der eine Durchschnittsintelligenz besitzt, kann sich wohl etwas vom Yoga aneignen und diesen Teil mit Vorteil anwenden; aber er darf nicht erhoffen, wenn er nicht schon eine besondere Veranlagung besitzt, in dieser Existenz bereits im Yoga große Fortschritte zu erzielen. Das muss auf jeden Fall gesagt werden; denn wenn schon das gewöhnliche wissenschaftliche Studium besondere Voraussetzungen fordert, falls man sich in ihm hervortun will, dann können die Erfordernisse, welche die Wissenschaft der Wissenschaften ihren Jüngern stellt, keine geringeren sein. Wenn mich etwa jemand fragen würde: »Kann ich ein großer Mathematiker werden?«, was sollte ich antworten? Sie müssen ein natürliches Talent dafür haben. Haben Sie dieses Talent nicht, so können Sie in diesem Leben auch kein großer Mathematiker werden. Aber damit sind Sie noch nicht vom Studium der Mathematik ausgeschlossen. Nur um ein hervorragender Mathematiker zu werden, müssten Sie eine eigene Begabung für diesen Gegenstand besitzen. Mit solch einem natürlichen Talent geboren zu sein, heißt nur, dass man es in vielen früheren Leben ausgebildet hat, weshalb man in diesem Dasein schon als fertiger Mathematiker geboren wurde.

Genauso ist es auch mit dem Yoga. Jeder Mensch kann sich etwas von ihm aneignen, aber um ein großer Yogi zu werden, ist es erforderlich, dass man viele arbeitsreiche Leben hinter sich hat, in denen man den Yoga übte. Liegt das hinter einem, so wird man in der gegenwärtigen Inkarnation mit den nötigen Fähigkeiten geboren werden. Es gibt auch verschiedene positive Voraussetzungen für die erfolgreiche Ausübung des Yoga. Die erste ist ein starker Wunsch nach seiner Betätigung: »Verlange glühend danach«, heißt es. Ein solches Verlangen ist nötig, um die starken Begierdenketten zu zerbrechen, die uns mit der äußeren Welt verbinden. Hierzu kommt noch, dass man ohne die starke Kraft des Verlangens nie die Schwierigkeiten überwinden kann, die einem im Weg stehen. Man muss die Überzeugung haben, dass das Ende von Erfolg gekrönt sein wird, und von dem Entschluss beseelt sein, auszuharren, bis der Erfolg gewonnen ist. Es muss ein so heißes, starkes Verlangen sein, dass es durch Hindernisse nur zu immer größeren Anstrengungen angestachelt wird. Für einen solchen Menschen ist jedes Hemmnis wie Öl, das man aufs Feuer gießt. Die Flamme lodert umso heller auf, je mehr von dem Öl hineinströmt. So wird auch der Yogi die Schwierigkeiten und Hindernisse nur so empfinden, dass sein glühender Wunsch dadurch umso mehr entfacht wird. Er wird in seinem Entschluss bestärkt, je mehr Widerstände sich ihm in den Weg stellen.

Besitzt man diesen starken Wunsch noch nicht, so zeigt das, dass man auf diesem Feld noch ein Neuling ist. Aber man kann sich in diesem Leben vorzubereiten beginnen, man kann sein Verlangen durch Gedanken schaffen; man kann nicht Wunsch durch Wunsch erzeugen. Aus der Wunschnatur heraus kann die Schulung der Begierdennatur nicht erfolgen. Wodurch wird in uns der Wunsch hervorgerufen? Man erforsche sein eigenes Bewusstsein und wird finden, dass Erinnerung und Einbildung die beiden Faktoren sind, die den Wunsch am stärksten hervorrufen. So ist also der Gedanke das Mittel, durch das jeder Zustand des Wünschens hervorgebracht werden kann. Der Gedanke, die Einbildung, ist die einzige schöpferische Kraft in uns, und durch die Einbildungskraft müssen unsere Fähigkeiten entfaltet werden. Je mehr man an ein wünschenswertes Objekt denkt, umso stärker wird das Verlangen danach. Nun stellt man sich den Yoga als wünschenswerten Gegenstand vor, wenn man das Verlangen nach ihm zu wecken wünscht. Man malt sich die Möglichkeiten aus, die er einem schafft, die Bedeutung, die er für die Weltentwicklung besitzt, und was man durch ihn leisten wird. Dann wird man finden, dass das Verlangen nach seiner Betätigung immer mächtiger und mächtiger wird. Nur durch die Kraft des Gedankens ist man fähig, die Begierde zu meistern. Aus ihr selbst lässt sich nichts machen. Man begehrt ein Ding, oder man begehrt es nicht. Innerhalb der Grenzen der Begierdennatur ist man hilflos in ihren Fängen. Wie bereits gesagt, kann man den Wunsch nicht durch den Wunsch beeinflussen. Man muss sich dazu in eine andere Lebenssphäre begeben, in die Gedankensphäre, und durch die Gedanken kann man sich selbst dazu bringen, etwas zu verlangen oder nicht zu verlangen, je nach dem, wie man es will, wenn man nur die richtigen Mittel anwendet, und diese Mittel sind doch sehr einfach.

Warum erstrebt man ein Ding? Weil man denkt, es werde einen glücklich machen. Aber nehmen wir an, es habe jemand durch seine frühere Erfahrung erkannt, dass dies oder jenes einen schließlich doch nicht glücklich mache, sondern Sorgen, Elend und Betrübnis im Gefolge habe. Damit hat man sofort das Mittel zur Hand, sich von einem Verlangen zu befreien, wenn man nur an die Folgen denkt. Man richtet sein

Augenmerk unverwandt auf die schmerzlichen Folgen, welche daraus erwachsen, wenn man dem Vergnügen eines Augenblicks nachgeht und der Begierde nachgibt. Hat man dies etwa einen Monat lang geübt, so wird einen schon der bloße Anblick eines solchen Gegenstandes abstoßen. Man wird es in Gedanken mit dem Leid verknüpft halten und sich so von ihm instinktiv abwenden. Man wird einer solchen Begierde nicht länger nachhängen, denn das Ziel der Begierde ist durch die Kraft der Einbildung verändert worden. Es gibt keine bessere Art, um mit einem Laster zu brechen, als sich seine schließlichen Folgen vollkommen bewusst zu machen. Man sollte einen jungen Menschen, der zur Ausschweifung neigt, veranlassen, mit seinem geistigen Auge sich das Bild eines alten Wüstlings zu vergegenwärtigen, der vor Lüsternheit vergeht, ohne diese noch befriedigen zu können. Wenn ihm das gelungen ist, so wird der Jüngling sich ganz unbewusst von dem Laster abwenden, das ihn früher anzog. Gerade die Scheußlichkeit der Folgen ist es, die dem sie betrachtenden Menschen die Augen öffnet, an welchen Begierden er gehangen hat. Ein Yoga-

Anhänger erhält nun die Aufgabe, unter den Wünschen seiner Seele die Auswahl zu treffen, welche er fördern und nähren soll, und welche er entschlossen zu bekämpfen hat.

Die nächste notwendige Eigenschaft ist ein starker Wille. Der Wille ist umgewandeltes Begehren, dessen Richtung nach innen gekehrt wird statt nach außen. Ist der Wille schwach, so muss er gekräftigt werden. Er ist ebenso zu schulen wie ein schwaches Organ; beides wird durch Übung gestärkt. Wenn ein Junge schwache Arme hat, macht er Turnübungen; dann bekommt er eine kräftige Muskulatur. Ebenso ist es mit dem Willen; er kann durch Übung geschult und gestärkt werden.

Man fasst etwa den Entschluss: »Ich will dieses oder jenes jeden Morgen tun«; und man muss es dann auch wirklich ausführen. Ein solcher Vorsatz genügt zunächst für einen schwachen Willen. Man muss sich ermahnen und sich das Gelöbnis abnehmen, das sich selbst gegebene Versprechen einzuhalten. Bald wird man merken, dass man sich schämt, sobald man es bricht. Ist man so seinem Versprechen einen Tag lang treu geblieben, verlängere man es für eine Woche und dehne es nachher auf vierzehn Tage aus. Hat man auch so lange noch Erfolg zu verzeichnen, dann kann man sich bereits eine schwerere Aufgabe stellen. Wenn man sich auf diese Weise zur Selbstbeherrschung zwingt, stärkt sich der Wille zusehends. Tag für Tag wird er fester, und man merkt deutlich sein Wachsen. Das Erste ist also ein starker Wunsch; dann muss dieser in einen starken Willen umgesetzt werden.

Das dritte Erfordernis für den Yoga ist eine scharfe, offene Intelligenz. Man kann seinen Intellekt nicht meistern, bevor er überhaupt vorhanden ist. Darum muss man seinen Geist entwickeln, seinen Verstand durch Studium entfalten. Unter Studieren verstehe ich nicht das Lesen von Büchern, sondern ich meine damit Denken. Man kann Dutzende von Büchern lesen, ohne dass der Verstand dadurch im Mindesten gestärkt würde. Aber wenn man ein ernstes Buch ordentlich durchdacht hat, dann wird dadurch der Intellekt ausgebildet, und der Geist erstarkt.

Dies sind die Dinge, die man nötig hat: Ein kraftvoller Wunsch, ein unbeugsamer Wille und ein scharfer Verstand. Es sind die Vorbedingungen, welche erfüllt werden müssen, damit man sich dem Yoga widmen kann. Ist der Intellekt ruhelos, unbeständig wie der Schmetterlingsgeist eines Kindes, so muss er beständig gemacht werden. Dies kann er nur durch eifriges Nachdenken erreichen. Der Geist muss entfaltet werden, um als Werkzeug für unsere Betätigung zu dienen.

DER ABSTIEG UND AUFSTIEG DER SEELE

Bei diesem Werk der Umwandlung unseres Begehrens wird es eine Hilfe sein zu erfahren, dass der Entwicklungsgang der Menschheit in zwei großen Phasen vor sich geht: In einem Abstieg und in einem Aufstieg.

Auf dem *Pravritti Marga* oder dem *Weg des Eintritts in die Materie*, auf dem die größte Zahl der menschlichen Seelen sich befindet, sind die Begierden notwendig und nützlich. Auf diesem Pfad ist es umso hilfreicher für den Fortschritt, je mehr Begierden im Menschen leben; denn sie sind der Anreiz zur Tat. Ohne solche Beweggründe würde sein Leben stagnieren. Warum hätte Gott die Welt mit begehrenswerten Dingen erfüllt, wenn er sie nicht als wesentlich für die Evolution erachtet hätte? Er erzieht die Menschheit wie eine vernünftige Mutter ihr Kind. Diese hält dem Kind keinen Vortrag über die Zweckmäßigkeit des Gehens noch erklärt sie ihm umständlich den Mechanismus der Fußmuskeln. Sie hält ihm einfach ein buntes Spielzeug hin und ruft: »Komm – und hole es dir.« Der Wunsch erwacht im Kind, und es fängt zuerst zu kriechen an und lernt dadurch später aufrecht zu gehen. So hat Gott uns mit Spielzeug umgeben, das aber stets ein Stück außerhalb unserer Reichweite liegt, und er sagt zu uns: »Kommt, meine Kinder, und strebt danach. Hier habt ihr Liebe, Geld, Ruhm, Ansehen, gesellschaftliche Ehrung – kommt und holt sie euch. Rafft euch auf und müht euch darum!« Wir machen dann wie das Kind mächtige Anstrengungen und mühen uns ab, um das Spielzeug zu erhaschen. Sobald wir es haben, zerbricht es unter unseren Händen, und wir werfen es als zwecklos wieder fort. Wie strengen sich manche an, um reich zu werden! Und wenn sie Multimillionäre geworden sind, haben einige das Problem. »Wie sollen wir unseren Mammon wieder loswerden?« Unlängst las ich von einem amerikanischen Millionär, der zu Fuß von Stadt zu Stadt reiste, um seinen ungeheuren Reichtum, den er sich erworben hatte, zu verteilen. Dieser hatte seine Lektion gelernt. Niemals mehr wird dieser Mann in einem späteren Leben dazu gebracht werden können, sich um des Spielzeugs »Reichtum« willen anzustrengen. Die Liebe zum Ruhm, die Liebe zur Macht treibt viele Menschen zur höchsten Kraftaufwendung an. Aber sobald sie ihr Ziel erreichen und das begehrte *Ding* in den Händen halten, werden sie dessen alsbald überdrüssig. Der mächtige Staatsmann, der Führer der Nation, der von Millionen vergötterte – belausche ihn in seinem Heim, und du wirst dort feststellen, welche Übersättigung ihn erfüllt, die längst alle Ruhmsucht in ihm erstickt hat.

Also erlaubt sich der liebe Gott bei allen diesen Dingen einen üblen Scherz mit uns? Nein! Unsere Aufgabe war es, die Kräfte des Selbst hervorzulocken, die im Menschen schlummernden Anlagen zu entfalten und die in ihm liegenden Fähigkeiten zu erwecken, und der Zweck des »Spieles des Logos« (*lila*) liegt eben in diesem äußerlichen Anreiz. Das ist die Art, wie wir den Gott in uns entfalten, und das ist der Sinn der Spiele, welche unser göttlicher Vater mit seinen Kindern veranstaltet.

Mitunter wird die Begierde nach den äußerlichen Dingen zu früh fallen gelassen und die Lektion darum nur halb gelernt. Dies ist eines der Übel im heutigen Indien. Es hütet eine tiefe spirituelle Philosophie, welche der Ausdruck von Seelen war, die vor Jahrhunderten geboren wurden. Diese weit fortgeschrittenen Seelen durften sich dem Wirken in der Welt entziehen, weil sie es lange schon durchgemacht hatten und nun fähig werden, für den Höchsten allein tätig zu sein und Ihm zu Ehren zu leben. Aber das, was Indien heute zu lernen hat, ist etwas wesentlich anderes: Es ist das Erwachen für die Begierden. Es mag dies als ein Rückschritt erscheinen, ist aber in Wirklichkeit ein Vorwärtsschreiten. Jene Philosophie ist wahr, aber sie war jenen alten Seelen angepasst, die dafür genügend entwickelt waren, während die jüngeren Seelen, die sich jetzt bei ihnen verkörpern, nicht für dieselbe Philosophie reif sind. Sie nehmen sie mechanisch in sich auf, sie sind von ihr fasziniert und versinken unter ihrem Einfluss in Phlegma, da es nichts gibt, was sie noch entsprechend begehren würden, um es einer Anstrengung würdig zu erachten. Die Folge davon ist, dass es mit der ganzen Nation als solcher bergab geht. Die alte Einrichtung des Kasten-Systems, die den Seelen verschiedener Entwicklungsstufen verschiedene Aufgaben stellte, ist in Vergessenheit geraten. Jeder trachtet sofort nach der Vollkommenheitsstufe, die aber nur nach der Durchschreitung aller vorhergehenden erreichbar wird. Genauso verhält es sich in den christlichen Ländern mit der Bergpredigt. Aber dort lebt man nicht danach, es ist nur ein formelles Lippenbekenntnis. Keine Nation versucht nach der »Bergpredigt« zu leben. Sie ist nicht für den Alltagsmenschen bestimmt, sondern ausschließlich für den Heiligen. Für alle die, welche auf dem absteigenden Pfad begriffen sind, ist das Begehren ein notwendiger Entwicklungsfaktor für den Fortschritt.

Worin besteht der Pfad von *Nivritti*, der Pfad der Heimkehr oder des Aufstiegs? Hier muss das Verlangen aufhören und der selbstbestimmte Wille an seine Stelle treten. Der letzte Gegenstand des Wunsches für jemanden, der den Pfad der Rückkehr betreten hat, ist der Wunsch, mit dem Willen des Höchsten in Übereinstimmung zu handeln. Er bringt seinen Willen mit dem der Allmacht in Einklang und gibt alle persönlichen Wünsche auf. Er wirkt daher in dem Sinn, das Rad des Lebens noch so lange zu drehen, wie dies vom Gesetz gefordert wird. Die Begierde vom Pfad des Abstiegs wird zum Willen auf dem Pfad des Aufstiegs. Die Seele, die mit dem Höchsten eins geworden ist, wirkt mit dem Gesetz.

Auf dem Weg des Abstiegs ist der Gedanke immer lebendig, flüchtig und ewig wechselnd. Er wird zur Vernunft auf dem Weg der Heimkehr. Das Joch der Vernunft wird dem Nacken des niedrigen Verstandes auferlegt und zügelt seinen Antrieb. Tätigkeit auf dem Pfad des Abstiegs ist ein rastloses Schaffen, durch das der gewöhnliche Mensch gefesselt wird. Nach der Umkehr auf den Pfad des Heimweges wird die Arbeit als Opfer dargebracht, und ihre bindende Macht ist gebrochen.

Die Offenbarungen der drei Attribute stellen sich auf diesen beiden Pfaden so dar:

Die Wonne offenbart sich als Wunsch
und wird umgewandelt in Wille.
Die Weisheit offenbart sich als Gedanke
und wird umgewandelt in Vernunft.
Die Tätigkeit äußert sich als Arbeit
und wird umgewandelt in Opfermut.

Oft hört man dazu folgende Frage: Warum wird der Wille im menschlichen Wesen als die Entsprechung der Glückseligkeit im Göttlichen bezeichnet? Die drei großen göttlichen Attribute sind: *chit* oder Bewusstsein; *ananda* oder Glückseligkeit; und *sat* oder Existenz. Nun ist es ganz klar, dass das Bewusstsein sich im Intellekt des Menschen spiegelt, es ist dieselbe Eigenschaft, nur im Kleinen.

Ebenso gehören Existenz und Tätigkeit zueinander. Man kann nur existieren, indem man nach außen hin wirkt. Schon das Wort selbst bedeutet »Heraustreten« (»ex« = außerhalb), also das sich manifestierende Leben. Es bleibt noch das Dritte: Die Wonne, als Entsprechung zum Willen. Dies erscheint manchem rätselhaft, und er fragt: Was hat die Glückseligkeit mit dem Willen zu tun? Wenn man herabsteigt bis zur Begierde, bis zu den Gegenständen des Verlangens, lässt sich das Rätsel lösen. Die Natur des Selbst ist Wonne. Projizieren wir diese in die Materie, was wird ihr Ausdruck in der letzteren sein? Sehnsucht nach dem Glück – also das Verlangen nach begehrenswerten Dingen, von denen das Selbst sich einbildet, dass sie es beglücken werden. Das Glück entspricht ja seinem innersten Wesen, und es sucht darum fortwährend, es gegen die Hindernisse der Welt zu verwirklichen. Dieses Streben nach Glückseligkeit muss in Willen umgewandelt werden.

Alle diese Entsprechungen weisen eine tiefe Bedeutung auf, wenn man nur sorgfältig darüber nachdenkt. Der allgemein verbreitete Lebenswille geht über in Sehnen nach Glück, das man in jedem Menschen, in jedem fühlenden Wesen findet.

Ist Ihnen aufgefallen, wie zutreffend diese Analyse der Menschenseele ist und wie sehr sie bestätigt wird durch die Art, wie man sein Glück als gutes Recht empfängt, während man das Leid von sich weist, mit dem Vorwurf, was man denn getan habe, um es zu verdienen? Man denkt nicht daran, die gleiche Frage aufzuwerfen, wenn es sich um das Glück handelt, das der natürliche Ausfluss unseres eigenen inneren Wesens ist. Was eigentlich erklärt werden muss, ist nicht das Glück, sondern der Schmerz, also jene Einflüsse, die gegen die Natur des Selbst gerichtet sind, welches Wonne ist.

Auf diese Weise betrachtet, zeigt es sich, wie

Begierde und Wille sich beide als der Entschluss darstellen, glücklich zu sein. Die Begierde ist unwissend und untersteht dem äußeren Einfluss; der Wille dagegen ist selbstbestimmt und von innen geleitet. Die Begierde erhält ihren Anlass und ihre Direktive von außen; aber wenn dieser selbe Aspekt der Dreiheit von innen entspringt, ist er Wille. In ihrem Wesen besteht kein Unterschied. Darum wird das, was auf dem Pfad des Abstiegs Begierde ist, zum Willen auf dem Pfad des Aufstiegs. Wenn Wunsch, Gedanke und Handlung sich in Willen, Vernunft und Opfermut umgewandelt haben, dann wendet die menschliche Seele ihr Antlitz heimwärts, dann lebt sie dem »Gesetz der Entsagung«. Wenn ein Mensch wirklich entsagt hat, dann tritt ein denkwürdiger Wechsel ein. Auf dem Pfad des Abstiegs muss man um alles, was man anstrebt, kämpfen. Auf dem Pfad der Heimkehr breitet die Natur dem Yogi ihre Schätze zu Füßen aus. Alle Schätze kommen dem von selber zu, der aufhört zu begehren, denn er ist ein Mittler geworden, durch den alles Gute um ihn herum herniederströmt. Gehe dem Guten nach, lasse davon ab, gierig nach dem Vergänglichen zu haschen, und alles wird dir von selbst zufließen. Höre auf, dich darum zu sorgen, dass dein eigener kleiner Wasserbehälter gefüllt ist, und dann wirst du zu einem Leitungsrohr werden, das mit der Quelle allen Lebens verbunden ist, mit jener Quelle, die nie versiegt, die unablässig ihr Wasser spendet. Entsagung bedeutet die Kraft zu unaufhörlichem Wirken allein für das Gute, eine Arbeit, die nie fehlschlagen kann, da sie von dem höchsten Gebieter durch seinen Diener geleistet wird.

Betätigt man sich an irgendeinem guten sozialen Hilfswerk, dessen Mittel aber beschränkt sind, was bedeutet das? Es bedeutet, dass man die wahre Entsagung noch nicht gelernt hat, dass man noch an den sichtbaren Früchten seiner Handlungen hängt. Das ist der Grund, warum der Reichtum unsere Hände nicht füllen mochte.

DIE REINIGUNG DER HÖHEREN KÖRPER

Die Entfaltung der inneren Kräfte ist eine Angelegenheit des Bewusstseins; die Läuterung der höheren Hüllen eine materielle Angelegenheit. Man muss jede seiner drei aktiven Körper reinigen – den Mental-, den Astral- und den physischen Körper. Ohne diese vorhergehende Reinigung lässt man die Yoga-Übungen besser sein.

Zuerst sollte der Gedankenkörper geläutert werden, und zwar durch rechtes Denken. Anschließend muss die Einbildungskraft, jenes große schöpferische Werkzeug, gereinigt werden. Man stellt sich bestimmte Ideale vor; dabei wird sich der Gedankenkörper entsprechend unseren Gedankenformen ausbauen zu jener Organisation, die man sich wünscht. Man macht sich seine Vorstellung so fest und lebendig wie ein Maler, ehe er an sein Bild schreitet. Wenn man die Kraft hat, sich sein Objekt bildhaft vorzustellen, dann soll man dies tun; wenn nicht, sollte man beginnen, Imaginationskräfte zu entwickeln. Es ist dies natürlich eine Künstlertugend, aber auch die meisten übrigen Leute besitzen sie mehr oder weniger. Man versuche zunächst, inwiefern man imstande ist, sich ein menschliches Gesicht vollkommen in Erinnerung zu rufen, das man täglich zu sehen bekommt. Durch eine solche Übung wird die Imagination geschult und geschärft, und man schafft sich dadurch ein gutes Werkzeug für den Yoga.

Noch eine andere Anwendung der Imaginationskraft ist sehr wertvoll. Stellt man sich in seinem Gedankenkörper bestimmte Eigenschaften als vorhanden vor, die man zu erwerben wünscht, und solche als nicht vorhanden, die man abzulegen wünscht, dann wird die Korrektur derselben schon allein dadurch bewerkstelligt. Auch viele von den Schwierigkeiten des täglichen Lebens werden dadurch vermindert werden, dass man sie sich präzise und richtig in seiner Vorstellung vergegenwärtigt, bevor man sie wirklich zu bestehen hat. Warum wartet man hilflos ab, bis sie einem in der physischen Welt entgegentreten? Wenn man die bevorstehende

Schwierigkeit sich am Morgen überdachte und sich selbst bereits während ihrer Erledigung vorstellte (man sollte sich nämlich nie scheuen, sich selbst als vollkommen zu denken), dann würden die Ereignisse, sobald wir ihnen dann tatsächlich im Laufe des Tages gegenüberstehen, ihre Macht über uns verloren haben, und wir würden den Stachel des Unglücks weniger schmerzlich empfinden. Jeder von uns muss in seinem Leben irgendetwas haben, was ihn bekümmert. Man stelle sich nun vor, wie man im Begriff ist, diesem Kummer zu begegnen, ohne von ihm berührt zu werden. Wenn er dann wirklich kommt, ist man nicht mehr überrascht, und man wird sich so verhalten, wie man es sich ausgemalt hatte. So kann man die Hälfte seines Kummers beseitigen und sich seiner Fehler entledigen sowie Hindernisse überwinden, indem man ihnen mit Hilfe seiner Einbildungskraft vorbeugend entgegenwirkt.

Je mehr der Gedankenkörper auf diese Weise geläutert ist, desto mehr soll man sich zugleich dem Astralkörper zuwenden. Seine Reinigung geschieht durch richtiges Begehren, durch richtiges Wünschen. Hegt man edle Wünsche, wird der Astralkörper die Organe des guten Wünschens hervorbringen, statt die des schlechten. Das Geheimnis allen Fortschrittes ist, das Höchste zu denken und zu wünschen, nie bei den Fehlern zu verweilen, bei den Schwächen und Irrtümern, sondern sich stets die vollkommene Kraft zu vergegenwärtigen. Auf diese Weise wird man langsam befähigt, die Vollkommenheit in sich selbst auszubauen. So denke und wünsche man immer mit dem Bestreben, den Astralkörper zu läutern.

Wie stellt man es an, den physischen Körper zu läutern? Man muss ihn zur Regelmäßigkeit in allen seinen Tätigkeiten anleiten – im Schlaf, im Essen, in körperlichen Übungen und in allem anderen. Man kann keinen reinen physischen Körper haben, solange der Mental- und Astralkörper unrein sind. Darum trägt die Arbeit der Einbildungskraft am Astralkörper auch zur Läuterung der Physis bei. Aber man muss den physischen Leib gleichfalls in allen seinen Tätigkeiten regulieren. Betrachten wir die Frage der Ernährung: Der Inder sagt ganz richtig, dass jede Art der Nahrung eine Haupteigenschaft in sich hat, entweder Rhythmus, Tätigkeit oder

Trägheit. Jede Nahrung lässt sich unter eine dieser drei Kategorien einreihen. Ein angehender Yogi nun darf keinerlei Nahrung berühren, die auf dem Weg des Zerfalls begriffen ist; diese Dinge gehören dem tamasischen Prinzip an. Jede Nahrung die etwa den Hautgout des Wildbrets aufweist, gehört hierher, und ebenso alle Nahrung, die Verfallsprozesse durchmacht, wie alle Arten von Alkohol. Jede Fleischnahrung fällt unter dieses Prinzip und wirkt daher als Stimulanz. Das ist leicht begreiflich, denn alle tierischen Formen sind Organisationen zum Ausdruck der tierischen Triebe und Tätigkeiten. Der Yogi darf sich nicht gestatten, derartige Stoffe in einen Körper aufzunehmen, welcher für die höheren Gedankenkräfte vorgesehen ist. Lebenskraft würde er wohl aus dem Fleisch entnehmen können, eine rasch verfliegende Körperstärke, einen plötzlichen Energiezufluss – das verleiht das Fleisch. Aber das sind nicht die Dinge, welche der Yogi benötigt. Daher lässt er diese Nahrung beiseite als nicht zulässig für die Ernährungsweise, die für ihn zweckmäßig ist. Er wählt sich seine Nahrung aus den Produkten aus, die von der höchsten

Lebenskraft durchdrungen sind, aus jenen organischen Formen, welche die Wachstumspotenz noch in sich haben: Diese sind von der höchsten Lebenskraft durchdrungen. So ist das Korn, aus dem die Getreidesaat hervorsprießt, erfüllt von den nahrhaftesten Substanzen. Ferner alle Sorten von Früchten, alle jene Dinge, die noch den Wachstumsimpuls zu ihrem nächsten Entwicklungsstadium in sich tragen – das sind sattvisch-rhythmische Substanzen voller Lebenskraft, die einen zugleich starken und sensiblen Körper aufbauen.

DIE HÜTER DER SCHWELLE

Es gibt verschiedene Arten von »Hütern der Schwelle«.

Zuerst die Elementale (nicht-menschliche Lebewesen der Astralebene, welche einem anderen Entwicklungskreis angehören). Sie sind bestrebt, dem Menschen den Zugang zur Astralebene zu versperren. Es ist ganz natürlich, dass sie ihm den Eintritt darin zu verwehren suchen, weil sie sich mit dem Aufbau der niedrigeren Reiche befassen, weshalb sie auch Formel-Ementale oder *Rupa-Devas* heißen. Für sie ist der Mensch tatsächlich ein hassenswertes Wesen, wegen seiner zerstörenden Eigenschaften. Dies ist der Grund, warum er bei ihnen so unbeliebt ist. Wohin er seinen Fuß setzt, verdirbt er ihre Arbeit. Er zertritt die Vegetation und tötet die Tiere, so dass jenes große Elementalreich schon den Namen des Menschen hasst. Sie tun sich zusammen, um sich jenem, der seinen ersten Schritt auf die Astralebene tut, in den Weg zu stellen und sein Eindringen zu hemmen. Sie versuchen, ihm Halt zu gebieten und zu verhindern, dass er seine Zerstörung auch in das neue Reich hineinträgt. Sie können aber nichts gegen den Menschen ausrichten, wenn er ihnen keine Beachtung schenkt. Sobald ihr Ansturm den Astralkörper trifft, der die Schwelle überschreiten will, so muss der Mensch einfach ruhig und unerschüttert bleiben, indem er sich Folgendes sagt: »Ich gehöre einer höheren Entwicklungsstufe an als ihr, ihr könnt mir nichts anhaben, und ich bin überdies euer Freund, nicht euer Feind. Friede!« Wenn er energisch genug ist, diese Haltung zu bewahren, so wird der ganze Schwall der Elementale zur Seite weichen und ihn passieren lassen. Die scheinbar grundlosen Befürchtungen, die manche Menschen nachts fühlen, haben ihren Ursprung hauptsächlich in dieser Abneigung der Elementale gegen den Menschen. Man ist des Nachts empfänglicher gegen die Einflüsse der Astralebene als tagsüber, und so wird die Feindschaft jener Wesen stärker fühlbar. Aber wenn die Elementale merken, dass man keine Absichten der Zerstörung hegt, dass man nicht die verkörperte Vernichtung für ihr Reich ist, dann werden sie auf einmal ebenso freundlich, wie sie sich vorher feindlich zeigten.

Das ist die erste Art der Hüter der Schwelle. Abermals sehen wir hier, welche Bedeutung einer reinen Nahrung zukommt; denn wenn man Fleisch und Alkohol genießt, zieht man die niedrigen Elementalwesen der Astralebene an, solche, die Vergnügen am Geruch des Blutes und der Spirituosen haben. Diese Wesen werden uns unvermeidlich hindern, die Dinge klar zu erfassen. Sie werden sich um uns versammeln und uns ihre Gedanken einflößen sowie ihre Empfindungen unserem Astralkörper einprägen, so dass man eine Art Hülle, einen widerwärtigen Anhang von solchen Geschöpfen in seiner Aura mit sich herumschleppt. Es ist begreiflich, dass uns diese aurischen Krusten in unseren richtigen (psychischen) Sinneswahrnehmungen sehr beeinträchtigen. Das ist der Hauptgrund, warum der Yoga in seinen Vorschriften für den Pfad der rechten Hand unbedingt den Genuss des Fleisches und des Weines verbietet.

Die zweite Art von Hütern der Schwelle sind die Gedankenformen unserer eigenen Vergangenheit. Es sind jene Gebilde, die aus dem

Bösen erwuchsen, das wir in vorhergegangenen Leben begangen haben. Durch Versündigungen aller Art haben wir diese Gedankenformen geschaffen, und sie treten uns nun entgegen, sobald wir mit der Astralebene in Berührung kommen. Sie sind zwar in Wirklichkeit ein Teil von uns, aber sie erscheinen uns als von außen kommende Gestalten, und sie trachten jetzt danach, ihren Schöpfer zurückzuschrecken. Manche Menschen lassen sich wirklich abschrecken von ihnen, aber man kann sie dadurch besiegen, dass man sie nicht anerkennt, sondern zurückweist: »Ihr gehört nicht länger zu mir, ihr gehört zu meiner Vergangenheit, von meiner Lebenskraft bekommt ihr nichts.« So wird man sie langsam erschöpfen und schließlich vernichten.

Es ist dies vielleicht eines der schmerzlichsten Hindernisse, die man zu besiegen hat, wenn man die Astralebene zum ersten Mal mit Bewusstsein betritt. Natürlich, wenn sich jemand in irgendeiner Weise mit widerwärtigen Gedankenformen von größerer Stärke verwickelt hat, wie solche, welche im Dienst der schwarzen Magie hervorgebracht werden, dann wird die Gestalt des Hüters der Schwelle ein viel hartnäckigeres und gefährlicheres Gebilde sein. Oft ist der Kampf zwischen dem Probeschüler und diesen Überbleibseln seiner Vergangenheit ein geradezu verzweifelter, denn diese Hüter werden von den Mächten der Vergangenheit unterstützt.

Nun aber kommen wir zu einer der schrecklichsten Gattungen von Hütern der Schwelle. Es kommt vor, dass ein Mensch während seiner Vergangenheit sich beständig mit dem niederen Teil seines Wesens identifiziert und sich dem höheren Teil widersetzt hat. Auf diese Weise lähmt er den letzteren, da er fortwährend höhere Kräfte für seine niederen Zwecke benützt und seinen Geist stets mehr herabzieht, bis er schließlich ein Sklave seiner Begierdennatur geworden ist. Hier findet nun eine eigentümliche Wende statt. Das Leben, welches von Rechts wegen Besitz des Egos ist, wird vom physischen Körper annektiert und mit den gröberen Teilchen, aus welchen der Körper zusammengesetzt ist, verbunden. Anstatt spirituellen Zwecken zu dienen, wird es für die Zwecke des niederen Selbst beschlagnahmt und ein Raub des animalen Trieblebens, welches der Ausdruck des niederen Teiles ist. Das Ego und seine höheren Körper sind geschwächt, die niedrige Persönlichkeit gestärkt. Unter solchen Umständen geschieht es öfter, dass das Ego seiner Träger überdrüssig wird, und sobald der Tod es vom physischen Körper erlöst, wirft es die niederen Körper (Mental- und Astral-) einfach ganz von sich. Es kommt sogar vor, dass es seinen entweihten Tempel schon während des physischen Daseins verlässt. In diesen Fällen reinkarniert sich der Mensch gewöhnlich sehr bald nach dem Tod; denn da er sich vom astralen und mentalen Körper getrennt hat, besitzt er keine Träger mehr, mit denen er weiter in der astralen und mentalen Sphäre leben könnte, und so muss das Ego rasch neue bilden und sich alsbald wieder hier auf Erden verkörpern. Unter diesen Umständen sind dann die alten astralen und mentalen Körper noch nicht aufgelöst, während bereits die neuen astralen und mentalen Träger fertig gebildet und verkörpert sind. Die Beziehungen zwischen den alten und den neuen Körpern, die ja beide denselben Herrn, denselben Inhaber oder Mieter haben, kommen nun zur Geltung, und die mit so viel Lebenskraft ausgestatteten alten Astral- und Mentalkörper heften sich jetzt an die neuen Astral- und Mentalträger, um deren schrecklichster Hüter der Schwelle zu werden.

Es gibt verschiedene Gestalten, welche der Hüter annehmen kann. Sie sind ausführlicher besprochen in Werken, die über diesen speziellen Gegenstand handeln. Allerdings glaube ich, dass man kaum in einem von diesen Büchern eine solche ausgesprochene Einteilung wie die geschilderte antreffen wird. Außer diesen gibt es natürlich noch die direkten Angriffe der schwarzen Mächte, die verschiedene Formen und Aspekte annehmen können. Gewöhnlich aber zeigen sie sich dem Yogi unter dem Deckmantel einer Tugend, die dieser Yogi etwas übertreibt. Hier wird der astrale Pionier nicht bei einem Laster, sondern bei einer Tugend angegriffen; denn eine übertriebene Tugend wird auch zum Laster. (Die wahre Tugend nimmt den goldenen Mittelweg.) So werden also Tugenden zu Versuchern in den schwierigen Gebieten der astralen und mentalen Welt. Sie werden von den »Brüdern des Schattens« benutzt, um die Arglosen zu verführen.

Ich übergehe hier die vier gewöhnlichen Proben der Astralebene, die Erde-, Wasser-, Feuer- und Luftprobe. Diese sind bloß Kleinigkeiten, kaum der Erwähnung wert neben diesen anderen, viel ernsteren Schwierigkeiten. Natürlich hat man zu lernen, die Astralmaterie gänzlich zu meistern, man muss eine Prüfung bestehen können, damit die »Erde« uns nicht erdrückt, das »Wasser« uns nicht ertränken kann, und so weiter. Das sind sozusagen die ganz leichten Lektionen. Jene unter Ihnen, die einer Freimaurer-Loge angehören, werden in diesen Proben Teile ihres Freimaurer-Ritus wiedererkennen.

Es gibt auch noch eine andere Gefahr. Man kann sich nämlich durch Reperkussion (Rückwirkung) schädigen. Wenn man auf der Astralebene einer Gefahr begegnet, die eigentlich zur physischen Welt gehört, und sich törichterweise die Angst einflößen lässt, es könnte dadurch der physische Körper verletzt werden, dann wird dieser tatsächlich verletzt. Irgendeine Verwundung kann die Folge des schreckhaften Astralerlebnisses sein. Ich war selbst einmal das Opfer einer solchen Torheit. Ich befand mich astral auf einem sinkenden Schiff, und während ich darauf als unsichtbarer Helfer beschäftigt war, bemerkte ich, wie der Mast des Schiffes umstürzte. Mich im ersten Augenblick vergessend, dachte ich, der Mast werde auf mich fallen. Dieser momentane Gedanke genügte, um mich morgens bei meiner Rückkehr in den physischen Körper mit einer breiten Quetschwunde am Leib erwachen zu lassen, und zwar auf der Stelle, wohin der Mast gefallen war. Diese Erscheinung kommt so oft vor, bis man über solche Irrtümer hinausgewachsen ist. Es gilt, in seinem Bewusstsein eine solche Fehlfunktion auszuschließen und es zu schulen, dass es die astrale Sphäre nicht mehr instinktiv nach den gewöhnlichen physischen Gesetzen beurteilt.

Einen Schutz gibt es immerhin, wenn man sensibler wird. Man sei streng wahrheitsliebend in Gedanken, Wort und Tat. Jeder Gedanke, jeder Wunsch nimmt Form an in der höheren Welt. Geht man leichtfertig mit der Wahrheit um, so schafft man im Unsichtbaren ein ganzes Heer von Gestalten des Schreckens und der Verwirrung. Man denke Wahrheit, spreche Wahrheit und lebe Wahrheit. Dann wird man über die Täuschungen der Astralwelt hinauswachsen.

DIE VORBEREITUNG FÜR DEN YOGA

Man hat gesagt, dass ich das Ideal der Jüngerschaft so hoch angesetzt habe, dass keiner je hoffen dürfe, ein Jünger zu werden. Ich habe aber nicht gesagt, dass niemand ein Jünger werden kann, der den von mir beschriebenen Anforderungen nicht entspricht. Es ist auch ohne das möglich, aber man tut es dann auf eigene Gefahr. Ein Mensch kann in einer Hinsicht vollkommen sein, in einer anderen aber einen Fehler aufweisen. Dieser Fehler wird ihn nicht daran hindern, ein Jünger zu werden, aber er muss dafür leiden. Der Eingeweihte zahlt für seine Fehler den zehnfachen Preis, den er als gewöhnliches Weltkind hätte zahlen müssen. Das ist der Grund, warum ich die idealen Forderungen so hoch veranschlagt habe. Ich habe nie behauptet, dass man vollkommen diesem Ideal entsprechen müsse, bevor man ein Jünger werden könne. Aber ich habe gesagt, dass das Risiko, ohne diese Eigenschaften den

Weg des Schülers aufzunehmen, ein sehr großes ist, und es ist die Pflicht eines jeden, der gesehen hat, welche Folgen es mit sich bringt, wenn man die Pforte mit Fehlern behaftet durchschreitet, diese Folgen aufzuzeigen und dem Suchenden ans Herz zu legen, zuerst danach zu trachten, diesen verhängnisvollen Fehler abzulegen. Jeder Makel, den man mit durch die Pforte nimmt, wird zu einer Dolchspitze, die einem auf der anderen Seite entgegenstarrt.

Es ist darum zu empfehlen, sich vorher so gut wie möglich zu läutern, bevor man in einer einseitigen Richtung so weit ist, dass man den Anspruch erheben könnte: Ich will jetzt das Tor durchschreiten.

Nur dies wollte ich betonen, als ich von den Vorbereitungen sprach, die als Grundbedingung zur Jüngerschaft anzusetzen seien. Ich bin den alten Weg gegangen, welcher die vorherige Erwerbung jener Eigenschaften fordert, die ein Jünger mit sich bringen sollte. Kommt er aber ohne sie, dann wird das Wort Jesu wahr, dass er viele Streiche empfangen muss; denn man kann manches in der physischen Welt ausführen, was nur geringe Folgen nach sich zieht, beim Eintritt in die Astralsphäre aber nicht länger ungeahndet bleibt, sondern ernste Gefahren heraufbeschwört.

SCHLUSS

Was ist das Ende dieses langen Kampfes? Was ist das Ziel unseres mühevollen Aufstiegs, der Preis des schweren Ringens? Was erreicht der Yogi am Ende des Pfades? Er gelangt zur Vereinigung.

Ich hege manchmal Zweifel, ob viele von Ihnen, wenn sie erfassen würden, was die Vereinigung bedeutet, sie noch weiter erstreben würden. Es gibt so viele »Tugenden« des gewöhnlichen Lebens, die gänzlich von dem abfallen, der die Vereinigung erreicht hat. Viele Dinge, die man bewundert, werden ihm nicht zu weiteren Hilfen, sondern zu Hindernissen, sobald ihm das Gefühl der Einheit aufscheint. Alle jene Eigenschaften, die so nützlich im alltäglichen Leben sind, wie sittliche Entrüstung, Abkehr vom Bösen, das Richten über andere – diese finden keine Stätte mehr in der Seele dessen, dem sich die Einheit erschlossen, der sie in sich verwirklicht hat. Wenn man die Abwendung vom Bösen verspürt, so ist dies ein Zeichen, dass das höhere Selbst zu erwachen beginnt und die Gefahren des Bösen erblickt. Das Selbst zieht den Körper mit Macht von ihm fort; dies ist der Anfang des bewussten moralischen Lebens. Das Böse zu hassen, ist auf dieser Stufe besser als Gleichgültigkeit gegen das Böse. Es ist eine notwendige Durchgangsstufe. Aber das Gefühl der Abstoßung kann nicht mehr von dem empfunden werden, in welchem die Einheit erwacht ist; denn er sieht in jedem Menschen die Gottheit manifestiert, eine Offenbarung des Höchsten. Ein Mensch, der diese Einheit erkennt, kann nicht weiter über einen anderen richten. »Ich richte keinen«, sagte der Christus. Einen solchen Menschen kann nichts mehr abstoßen. Er ist zugleich der andere, der Sünder; und wie sollte er von seinem eigenen Selbst abgestoßen werden? Für ihn gibt es kein Ich und kein Du mehr - denn wir sind alle eins.

Wenige von Ihnen wünschen dies wirklich ernsthaft, wenige verlangen innerlich danach. Der Mensch, der die Einheit in sich erlebt, kennt keinen Unterschied mehr zwischen sich und dem gemeinsten Bösewicht, der die Erde betritt. Er sieht nur das Göttliche in dem Sünder, und er weiß, dass die Sünde nicht dem Gottwesen anhaftet, sondern nur der Hülle. Der Unterschied liegt einzig darin: Wer die innere Größe des Selbst begriffen hat, fällt kein Urteil über einen anderen. Er erkennt in dem anderen sich selbst, und sich selbst als den anderen – das heißt »Einheit«.

Wir sprechen von Bruderschaft; aber wie viele von uns betätigen sie wirklich? Und das ist noch nicht einmal das, was der Yogi erstrebt, denn größer als Verbrüderung ist die Identität, die Verwirklichung des Selbst als Einheit.

Die kommende Menschheit wird die Verbrüderung zur höchsten Blüte bringen. Die Zukunft wird die Identität entfalten und die Einheit des Menschengeschlechts zur Wirklichkeit werden lassen. Wenn man nur fähig ist, einen Schimmer der Schönheit jenes hohen Gedankens zu erhaschen, die wunderbare Größe jener Vereinigung zu erfassen, nach welcher das Ich und Mein und das Du und Dein verblasst, jenes Zustandes, wo wir alle nur zu einem Leben werden – so wird dadurch allein schon die Natur ein Stück näher zur Gottheit erhoben. Wenn man imstande ist zu fühlen, wie schön, wie erhaben, wie wunderbar diese Einheit ist, so ist man schon der Verwirklichung jener Schönheit näher gekommen, welche GOTT ist.

Annie Besant beschreibt in ihrer kraftvollen und bildreichen Sprache die Stationen des inneren Weges, welchen die geistig strebende Seele durchlaufen muss, ehe sie am Portal zum „Tempel der Weisheit“ anklopfen darf.

Annie Besant
Der Pfad zum Tempel der Weisheit
Hardcover
ISBN 978-3-89427-238-8

Viele Jahre lang sammelte H.P. Blavatsky die großen Weisheitsworte des Ostens. Erstmals sind sie in diesem Band vereint und dienen als Inspiration für den Weg durch das Jahr.

Helena P. Blavatsky
Edelsteine des Orients
Hardcover
ISBN 978-3-89427-651-5

Perlen der Weisheit

Ein praktischer Ratgeber für die Meisterung des Alltags aus esoterischer Sicht. Die großen Gesetze der menschlichen Entwicklung werden ebenso erklärt wie die Geheimnisse von Sympathie und Antipathie oder das wunderbare Wirken der Meister der Weisheit.

Annie Besant
Das Gewebe des Schicksals
Hardcover
ISBN 978-3-89427-650-8

Der spirituelle Weg wird eines Tages den ernsthaft suchenden Menschen an das „Tor der Einweihung" bringen. Dort erwarten ihn die „Hüter der Menschheit", um ihm jenes Wissen zu offenbaren, das ihn zu einem bewussten Mitarbeiter am Göttlichen Plan des Lebens machen wird.

Annie Besant
Initation
Hardcover
ISBN 978-3-89427-649-2

Perlen der Weisheit

Licht auf den Pfad
Der Kommentar
Annie Besant
Charles W. Leadbeater
Hardcover, 376 Seiten
ISBN 978-3-89427-638-6

Einer der großen Weisen Asiens schrieb einmal zu Mabel Collins Meisterwerk „Licht auf den Pfad“, die Menschheit sei gerade erst im Begriff, die Anfänge der Geistestiefe dieses Buches zu entschlüsseln! Annie Besant und Charles W. Leadbeater haben sich der Herausforderung gestellt und versucht, einen weiteren Schlüssel zum Verständnis von „Licht auf den Pfad“ zu erarbeiten. Entstanden ist ein einzigartiges Buch, das wie nur wenige andere die Herausforderungen und die Schwierigkeiten des Geistigen Pfades schildert, aber auch die unbeschreibliche Herrlichkeit, die den geistigen Sucher am Ende des Weges erwartet. Dieser tiefgründige und inspirierende Kommentar ist eines jener Bücher, das den ernsthaft Suchenden ein Leben lang begleiten und ihm Jahr für Jahr neue Einsichten und Erkenntnisse schenken wird. Ein einzigartiges spirituelles Juwel, das wahrhaft esoterisches Wissen vermittelt!